# ENGLISH COLONIZATION & EMPIRE

# 大英殖民帝国

〔英〕阿尔弗雷德·考尔德科特 著　周亚莉 译

图书在版编目（CIP）数据

大英殖民帝国 /（英）阿尔弗雷德·考尔德科特著；周亚莉译. -- 北京：华文出版社，2019.4（2020.4重印）

（华文全球史）

ISBN 978-7-5075-4790-0

Ⅰ.①大… Ⅱ.①阿… ②周… Ⅲ.①英国—历史 Ⅳ.①K561

中国版本图书馆CIP数据核字(2019)第040212号

### 大英殖民帝国

| | |
|---|---|
| 作　　者： | [英] 阿尔弗雷德·考尔德科特 |
| 译　　者： | 周亚莉 |
| 选题策划： | 华盛章世 |
| 插图供应： | 029—85504182 |
| 责任编辑： | 董云梅 |
| 出版发行： | 华文出版社 |
| 社　　址： | 北京市西城区广外大街305号8区2号楼 |
| 邮政编码： | 100055 |
| 网　　址： | http://www.hwcbs.com.cn |
| 电　　话： | 总编室010—58336239 |
| | 发行部010—58336212 |
| 经　　销： | 新华书店 |
| 印　　刷： | 三河市国英印务有限公司 |
| 开　　本： | 710×1000　1/16 |
| 印　　张： | 24.25 |
| 字　　数： | 313千字 |
| 版　　次： | 2019年4月第1版 |
| 印　　次： | 2020年4月第2次印刷 |
| 标准书号： | ISBN 978-7-5075-4790-0 |
| 定　　价： | 105.00元 |

版权所有　侵权必究

# 出版前言

随着中国开放的大门越开越大,关注世界各国尤其是西方国家文明的源流、发展和未来已经成为当下世界史研究的一个热点。为了成系统地推出一套强调"史源性"且在现有世界史出版物中具有拾遗补阙价值的作品,我们经过认真论证,推出了"华文全球史"系列,首次出版约为一百个品种。

"华文全球史"系列从书目选择到译者的确定,从书稿中图片的采用到人名地名的规范,都有比较严格的遴选规定、编审要求和成稿检查,目的就是要奉献给读者一套具有学术性、权威性和高质量的世界史系列图书。

书目的选择。本系列图书重视世界史学科建设,视角宽阔,层级明晰,数量均衡,有所突出。计划出版的华文全球史中,既有通史,也有专题史,还有回忆录,基本上是世界历史著作中的上乘之作,填补了国内同类作品出版的空白。

人名地名规范。本系列图书中人名地名,翻译规范,重视专业性。同时,在人名翻译方面,我们坚持"姓名皆全"的原则,加大考据力度,从而实现了有姓必有名,有名必有姓,方便了读者的使用。另外,在注释方面,书中既有原书注,完整地保留了原著中的注释;也有译者注,体现了译者的研究性成果。

书中的插图。本系列图书的一个重要特点是书中都有功能性插图,这些插图全方位、多层次、宽视角反映当时重大历史事件,或与事件的场景密切相关,涉及政治、军事、经济、社会、外交、人物、地理、民俗、生活等方面的绘画作品与摄影作品。功能性插图与文字结合,赋予文字视觉的艺术,增加了文字的内涵。

译者的确定。本系列图书的翻译主要凭借的是一个以大学教师为主的翻译团队，团队中不乏知名教授和相关领域的资深人士。他们治学严谨，译笔优美，为确保质量奉献良多。

"华文全球史"系列作为一套具有较高学术价值的优秀的世界历史丛书，对增加读者的知识，开阔读者的视野，具有积极的意义。同时要看到，一方面很多西方历史学家的观点符合事实，另一方面不少西方历史学家的观点是错误的，对于这些，我们希望读者不要不加分析地全盘接受或全盘否定，而是要批判地吸收外国文化中有益的东西。

华文出版社<br>
2019 年 8 月

1620年，英格兰殖民者在"五月花"号上签订《"五月花"号公约》

"五月花"号抵达北美海岸,英格兰殖民者换乘小船登陆

英属北美十三个殖民地代表签署《独立宣言》

约翰·伯戈因将军在萨拉托加向霍雷肖·盖茨将军投降

查尔斯·康沃利斯将军在约克镇向美法联军投降

传奇将军詹姆斯·彼得·沃尔夫在亚伯拉罕平原战役中阵亡

1814年,英美签订《根特条约》

第一次鸦片战争中英军进攻厦门

《南京条约》签订后,英舰"康沃利斯"号在南京城外鸣炮庆祝

第二次鸦片战争中英法联军占领北京

《天津条约》签订

塔斯马尼亚岛上的土著

约克公爵乔治·弗雷德里克·欧内斯特·艾伯特主持澳大利亚第一届议会

马塔巴山战役

参加第二次布尔战争的英军

毛里求斯岛路易港的赛马场

# 前 言

　　这部书的总体框架已经设定。按照这个思路，由1880年到1890年担任大学普及教育的讲师执笔，以重要历史阶段为线索，概述英国的殖民史。本书从政治学、政治经济学和民族学的研究视角，旁征博引诗歌与小说文献，对探险家、政治家和殖民者的观点兼收并蓄。

　　英国殖民史的情况比较特殊，其间发生了很多重大事件，发展过程跌宕起伏。关乎英国利益的许多问题仍然有待解决，社会环境也亟须改变。毫无疑问，新的问题会随着19世纪的终结继续涌现。本书的叙事方式可能会使学生对这段历史产生兴趣，并从宏观视角整体考量英国殖民史。

# 目 录

**第1章 轨迹：欧洲国家早期的殖民活动** ·················· **001**

第1节 殖民准备 ·················· 008
第2节 早期的殖民活动 ·················· 014

**第2章 葡萄牙、西班牙及英格兰的殖民活动** ·················· **021**

第1节 殖民动机 ·················· 021
第2节 葡萄牙率先进行殖民活动 ·················· 022
第3节 西班牙的殖民活动 ·················· 031
第4节 英格兰的殖民活动 ·················· 036

**第3章 殖民扩张导致欧洲爆发战争** ·················· **045**

第1节 西班牙 ·················· 045
第2节 荷兰 ·················· 049
第3节 法兰西 ·················· 056
第4节 第二次百年战争 ·················· 059
第5节 威廉·皮特 ·················· 068
第6节 抗击拿破仑 ·················· 073
第7节 结局 ·················· 073

# 第 4 章　美洲殖民地：发展与独立 ········· **077**

第 1 节　1765 年的殖民地 ········· 083
第 2 节　法属殖民地 ········· 086
第 3 节　殖民地政府 ········· 088
第 4 节　独立 ········· 089
第 5 节　引发争执的诱因 ········· 089
第 6 节　冲突 ········· 093
第 7 节　反思 ········· 095

# 第 5 章　英属印度殖民地 ········· **099**

第 1 节　印度的起源 ········· 099
第 2 节　英格兰在印度的统治 ········· 102
第 3 节　统治基础 ········· 109
第 4 节　成果概述 ········· 123

# 第 6 章　复兴与扩张 ········· **131**

第 1 节　西印度群岛 ········· 131
第 2 节　澳大利亚殖民地 ········· 144
第 3 节　加拿大殖民地 ········· 151
第 4 节　非洲殖民史 ········· 160
第 5 节　收购其他殖民地 ········· 173
第 6 节　1880 年到 1890 年的新起点 ········· 181

# 目录

## 第 7 章 帝国政府与殖民地政府 183

第 1 节 早期殖民治理 184
第 2 节 联邦制 205
第 3 节 邦联制 206
第 4 节 帝国联邦 211
第 5 节 政治纽带的价值 217
第 6 节 社会荣誉的联系 220

## 第 8 章 贸易政策与殖民地财富的积累 223

第 1 节 经济快速发展的原因 224
第 2 节 殖民地的产业进程 231
第 3 节 贸易政策垄断时期 233
第 4 节 自由贸易 235
第 5 节 商业联盟 241
第 6 节 商业联合会 243
第 7 节 贸易与政治 244

## 第 9 章 劳动力供给与殖民地经济 247

第 1 节 雇佣原住民 247
第 2 节 黑奴制度 248
第 3 节 引进苦力 258
第 4 节 囚犯劳动力 259
第 5 节 雇佣自由移民 265

## 第 10 章　殖民扩张的"衍生品"：种族问题 …… 279

第 1 节　人种起源单一论 …… 281
第 2 节　殖民扩张中的种族问题 …… 284
第 3 节　英国的殖民扩张 …… 286
第 4 节　无可辩驳的殖民历史 …… 305

## 第 11 章　殖民地的教育与宗教 …… 307

第 1 节　教育 …… 307
第 2 节　宗教 …… 321

## 第 12 章　总结与反思 …… 331

第 1 节　英国的对外政策 …… 331
第 2 节　英属殖民地的发展 …… 332
第 3 节　六大国家 …… 334
第 4 节　未来面临的挑战 …… 337
第 5 节　政治遗留问题 …… 340
第 6 节　结语 …… 342

## 专有名词英汉对照 …… 345

# 第 1 章

轨迹：欧洲国家早期的殖民活动

人类文明在交流和碰撞中交替更迭。虽然一些领域看似平淡无奇，但在人类没有注意到的地方，文明之光依旧熠熠生辉。早期人类之间的差异并不明显，但随着人类历史的发展，其差异自然显现。人类离开中亚的栖息地，前往其他区域定居。海洋与陆地交汇，新大陆与岛屿碰撞，人类开始逐渐形成不同种族，在世界各地或落地生根，或东迁西徙，或日趋消亡。在黄河长江流域、恒河平原、幼发拉底河谷地、地中海东部沿岸、尼罗河谷地等地形成了人类文明的中心。人类定居在这些地方，以农业和初级手工业为生。后来，劳动和法律衍生出了社会关系，继而形成国家雏形。与此同时，许多地区仍处在部落时代或游牧时代。当生活在文明中心的人们忙着耕作、兴建城市和庙宇时，其他地方的文明却停滞不前。居住在亚洲地势较高地区的鞑靼人攻城略地，随后销声匿迹。澳大利亚土著、南非霍屯督人和布须曼人，以及黑人部落一直处在动荡不安中，止步不前。中国文明在人类历史长河中的影响不容忽视，而且其早期的影响远大于后期。在欧洲国家逐渐形成的几个世纪中，中国的影响力并没有辐射到西方。印度与欧洲之间的屏障逐渐消失，英印关系日益紧密，影响深远。栖居在尼罗河谷地、幼发拉底河谷地和腓尼基沿

韃靼人

英国殖民者与澳大利亚土著

霍屯督人

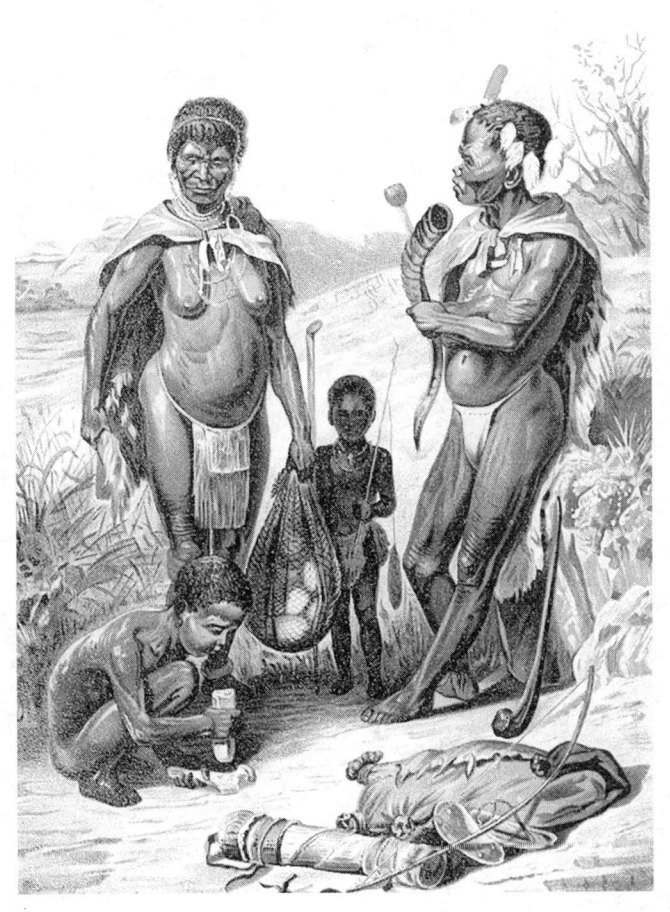

布须曼人

岸的民族与英国唇齿相依,为英国文明的发展做出了巨大贡献。回顾历史,从尼尼微、巴比伦、提尔、波斯,到希腊的城市、群岛和殖民地,再到势力范围波及西亚、南欧和北非的罗马帝国,人类文明日趋融合,文明中心向北部和西部缓慢推移,直至喀尔巴阡山和大西洋之间的陆地。与人类文明社会相似的初级文明社会逐渐形成。

当今世界种族繁多,而且各种族间息息相通。四亿中国人、三亿印度人和三亿欧洲人生生不息。散居的马来族、非洲部落和波利尼西亚人被归为一类。在世界文明的变迁历程中,欧洲历史独树一帜。早期人类发现温带地区的自然环境更适宜居住,因此,在这些地方频繁活动。黑

波利尼西亚人

# 第1章　轨迹：欧洲国家早期的殖民活动

格尔曾说："人类历史的真正舞台在温带地区。"如果没有英国的保护，居住在热带地区恒河谷地的民族可能会一直受制于阿富汗和尼泊尔的高山民族。高寒地区健壮的游牧民族经常侵略、盘剥弱小民族，但其盛景犹如昙花一现。欧洲文明在人类宜居的温带地区快速发展，并通过人类活动传播到了其他地区。凯尔特人和皮拉斯基人盘踞欧洲、雅利安人入侵印度半岛、撒拉逊人征服北非等活动影响深远。欧洲扩张是人类寻找栖居地的最后一项伟业，其影响如下：

一、探索地球的形状、水陆比例、山脉、岛屿、河流等。

通过这些地理探索，人类完成了对地球的测量。

黑格尔（1770—1831）

二、提升改造自然的能力。航海业将海洋变成公路,蒸汽机缩短了空间距离,电力解决了时间问题。

三、对人类的科学认识逐渐统一。虽然人类起源和人类命运的一致性都遭到过质疑,但科学与欧洲感伤主义都体现了人性的统一。

四、自由灵活的商业活动与产业组织为人类提供了物质基础,人类在地球上自由行动,并以资本的形式享用物质资料。

五、自然科学虽然门类繁多、特点各异,但各研究领域都探索出了具有终极性的真理。知识具有世界性,科学属于全人类,文学因源于生活而显得丰富多彩,艺术需要百花齐放,道德流派也异彩纷呈,只有自然科学能够认识规律、揭示真理。

六、超越民族、国家和语言的宗教本质日益显现出来。深爱至高无上,欲望丰富多样。宗教信条针对人性的种种特点,数以千计的信徒置宗教于国家之上,投身信仰与希望之中。

现在,各民族逐渐融合,世界相对和平,人类日益成为一个整体。

## 第1节 殖民准备

欧洲步入了殖民准备阶段。在国家机器的压迫下,人民流离失所,但分久必合的规律并未改变。无视这一规律的种族注定要走向灭亡。毛利人和印第安人面临着种族衰亡的威胁。与此同时,能够适应民族融合的种族继续繁衍生息。非洲人虽然文明程度不高,但因接受了欧洲人的统治重获新生。

直到15世纪,欧洲才开始在世界文明中独领风骚。当时的欧洲拥有三件法宝:航海罗盘、印刷机和火药。罗盘为人类指引航向,使海上

毛利人

印第安人

交通变得更加便捷。地中海连接了北非和欧洲，海洋贯穿各大洲。印刷机帮助人们记录并传播了人类文明，不同地方的人们可以共享日新月异的知识。火药帮助欧洲列强入侵尚未开化的国家和部落。欧洲列强在这些地方开展了道德规训、军事操练、商业训练和宗教传播等活动。

　　参与殖民运动的欧洲国家分为两派①。一派是拉丁派，主要有葡萄牙、西班牙、法兰西和意大利等国。另一派是日耳曼派，主要有神圣罗马帝国、荷兰、斯堪的纳维亚诸国和英格兰等国。大多数凯尔特人

欧洲早期的印刷机

---

① 为了准确界定扩张民族占有的地区，需要知道的是，15世纪，欧洲东南部的国家退出了基督教世界。1453年，奥斯曼人占领了君士坦丁堡。但在欧洲西南部，1492年，摩尔人被驱逐出了西班牙王国。——原注

第 1 章 轨迹：欧洲国家早期的殖民活动

融入了其他国家，没有主动发挥历史作用。此外，斯拉夫人也无所建树。然而，并不是上述所有国家都做好了殖民准备。意大利虽然还没有真正统一，但仍然与东方保持着固有联系，在科学与艺术方面成就颇高。神圣罗马帝国自顾不暇。多年来，斯堪的纳维亚诸国通过格陵兰岛和西北海域的冰上通道传播文明，但在殖民探索方面却分身乏术。因此，葡萄牙、西班牙、法兰西、荷兰和英格兰勇敢地挑起了殖民重担。里斯本、马德里、塞维利亚、巴黎、阿姆斯特丹、伦敦和布里斯托尔成为殖民活动的中心。

上述五国一边整饬内政，一边整装待发，步入了殖民时代。莱昂王国和卡斯蒂尔王国联手阿拉贡王国，八百年来转战千里，通过游击战将摩尔人逐出了西班牙中部。查理五世①整合了西班牙、那不勒斯、西西里岛、撒丁岛、米兰和荷兰的资源。1474 年，西班牙王国成立。1453 年，君士坦丁堡的沦陷标志着现代法兰西的开端。阿基坦公国、勃艮第公国和布列塔尼公国相继加入中央王国②。不到一个世纪，法兰西文明空前繁荣，由此迈入了路易十四时代。16 世纪，荷兰逐渐发展起来，意欲独立。欧洲的封建主义瓦解，英格兰中产阶级掌握了国家大权，英格兰和苏格兰也即将统一。1479 年，《波伊宁斯法》③的颁布标志着爱尔兰已经被英格兰彻底征服。英格兰王国的航海业蓄势待发，正朝着伊丽莎白一世时代的全盛时期迈进。

这五个国家对内辅车相依，对外攘权夺利，外交政策逐渐表现出"权力制衡"的思想。

纵观整个欧洲殖民史，哥伦布的远航和殖民活动并不是一起偶然事

---

① 查理五世（Charles V，1500—1558），神圣罗马帝国、西班牙帝国及勃艮第公国（自 1506 年起）的统治者。——译者注
② 指 15 世纪末法兰西王国。——译者注
③ 爱尔兰议会规定该法案要得到爱尔兰总督、英格兰国王及其枢密院批准。爱尔兰人民对此不满，因此，1782 年，对该法案进行了一次修订，1878 年该法案被废除。——译者注

查理五世(1500—1558)

路易十四(1638—1715)

哥伦布（1451—1506）在西印度群岛登陆

件，而是一次精心筹划的航海和探险。一些民族趑趄不前，不喜欢探索。因此，它们很难发现新世界。然而，能征善战的民族通常高度自律、锐意进取，最后总能获得成功。正如黑格尔所说，哥伦布横渡大西洋如同恺撒大帝翻越阿尔卑斯山那样伟大。这两起历史事件都激发了人类探索新世界的潜能。

## 第 2 节 早期的殖民活动

一个国家的殖民形式有很多种，譬如整个部落共同迁徙或部分人民移居海外。后一种扩张形式被称为"殖民活动"。塞缪尔·约翰逊[①]

---

① 塞缪尔·约翰逊（Samuel Johnson，1709—1784），常被称为"约翰逊博士"，诗人、散文家、文学评论家、传记作家、编辑和词典编纂者。——译者注

## 第1章　轨迹：欧洲国家早期的殖民活动

曾将殖民地定义为："宗主国人民移居远方。"但这个定义过于宽泛，泛指移民侨居他乡，如英国移民生活在莫斯科和美国移民生活在巴黎。完整的定义应该包含"殖民地与宗主国保持政治联系"这一限制条件。希腊人不承认殖民地的政治性，强调殖民地与宗主国之间强烈的依附感犹如初次点燃的熊熊圣火。罗马军事殖民地易守难攻，当地军队保证了宗主国的安全。腓尼基人从提尔迁到迦太基，在那里兴建了贸易殖民地和工厂。殖民活动一般存在两种情况。第一种是建立新家园；第二种是为当地的工商业发展指明方向，助力欧洲国家的扩张活动。第一种情况以美洲为典型，殖民者征服了墨西哥和南美洲的部分原住民，建立了新家园。第二种情况以印度为典型，殖民者促进了当地的工商业发展。

殖民者征服墨西哥

广义的殖民地包括岛屿、港口或海角,旨在为宗主国赢得海上或军事优势。现在我们聚焦英格兰,了解英格兰早期的殖民活动。

几个世纪以来,大不列颠岛和爱尔兰岛之间冲突不断,直到伊丽莎白一世和詹姆斯一世统治时期才界定了疆界,逐渐统一。七国时代①的统治者、威尔士的君主和爱尔兰的各首领暂时和解。英格兰与法兰西一些公国的长期联盟破裂,不少公国重新投入法兰西王国的怀抱。与此同时,苏格兰与英格兰结盟,步入历史新时代。宗教改革正在如火如荼地进行,不仅涉及教会等级和宗教信仰,还旨在复兴希腊和罗马的思想与

伊丽莎白一世(1533—1603)

---

① 七国时代指5世纪到9世纪这一时期。七国指肯特王国、萨塞克斯王国(南撒克逊)、韦塞克斯王国(西撒克逊)、埃塞克斯王国(东撒克逊)、诺森布里亚王国、东盎格利亚王国和默西亚王国。——译者注

第1章 轨迹：欧洲国家早期的殖民活动

艺术，鼓励人们思考和鉴赏，以及设定目标并付诸实践。英格兰国教对是否接受宗教改革犹豫不决。德西德里乌斯·伊拉斯谟、约翰·科利特、罗杰·阿斯克姆和约翰·奇克的学说在大学和新文法学校盛行。弗朗西斯·培根的思想也为文化的自由传播提供了指导。

当时，英格兰的人口达五百万人。约翰·哈里森[①]指出，1574年到1575年，约有一百一十七万两千六百七十四名男性服兵役，但这也许只是实际服役人数的三分之二。1603年，英格兰的实际参军人数达两百万，其中包含少数非英格兰国教徒，这一点与约翰·哈里森的预估吻

弗朗西斯·培根（1561—1626）

---

① 约翰·哈里森（John Harrison，1867—1954），英国政治家、国会议员。——译者注

合。英格兰人勤劳勇敢、积极进取,不断利用优质草场和牲畜发展农牧业。但随着农业劳动力骤减,困难日渐显现。各类制造业——细绒呢、粗绒呢、起绒粗呢、金属器皿、啤酒与木材等——规模不断扩大。此外,商业领域资金匮乏,人才奇缺。诺威奇和英格兰西部的织机昼夜不停地工作,约克郡的许多小镇很快变得闻名遐迩。伦敦、布里斯托尔、赫尔和波士顿的大小港口遍布忙碌的水手。约翰·哈里森认为,英格兰的航运业"坚不可摧、设施齐全,而且灵活快捷、独一无二"。通过对比国内外的航运业,他证明了自己的观点。伊丽莎白一世拥有二十四艘船,而国内四十吨至一百吨的船有六百五十六艘,一百吨以上的商用船有一百三十五艘。英格兰商人旅居海外,大多拥有敏锐的洞察力,而且眼界开阔,但很少涉足黎凡特、伯尔齐或契丹人和鞑靼人居住的地方。佛罗伦萨、比萨、莫斯科、挪威、瑞典和丹麦的殖民工厂鳞次栉比。这些

繁忙的布里斯托尔港

# 第1章 轨迹：欧洲国家早期的殖民活动

工厂一般自定章程。在市参议员的管辖范围内，所有商业活动都必须遵守国家法律，但交易范围仅限于英格兰船。只有英格兰人才能在海外的蛮荒地区开展商业活动。西班牙征服了美洲地理位置最好的地区，并占领了墨西哥、佛罗里达、秘鲁和西印度群岛最大的岛屿。大西洋中部和加勒比海成了殖民扩张的必经之路。葡萄牙征服了巴西，并与荷兰一起控制了远航东方的海路。虽然成功并非唾手可得，但英格兰人只要不断进取、竭智尽力，就能在殖民扩张进程中独领风骚。

维多利亚女王时代的英国版图包括五大主要区域：

第一，大不列颠及爱尔兰联合王国，由英国国王或女王统治，是英国政治经济发展的核心，也是整个文明世界的商业中心。议会组成独立的行政部门。

第二，真正意义上的第一代英属殖民地是在澳大利亚、新西兰、加拿大和纽芬兰自治领建立的七个殖民地。这些殖民地的人们使用英语，遵守英国律法，并遵循英国礼节，与英国同音共律。

第三，英国统治的混合式殖民地的原住民人口远超过英国人口，如南非的早期殖民地开普敦、纳塔尔、塞拉利昂、黄金海岸、拉各斯、毛里求斯、英属西印度群岛、圭亚那地区、洪都拉斯和马六甲海峡。

第四，附属国的统治者都愿意为原住民谋求福祉，如英属印度管辖区、英属北美殖民地和印度的土邦、锡兰、缅甸、斐济，以及部分不完全接受宗主国统治的地区，如桑给巴尔岛、尼日尔、贝专纳和英属新几内亚。此外，欧洲的其他国家与英国已经达成共识，不会干涉英国的"势力范围"。

第五，军事、航海、商业警戒区包括直布罗陀、马耳他、圣赫勒拿岛、阿森松、缅甸、福克兰群岛、塞舌尔群岛、索科特拉岛、查戈斯、石油岛、亚丁湾、新加坡、纳闽岛、香港、诺福克岛、克马德克群岛、路易西亚德群岛、罗图马岛和汤加。

只要了解了英国殖民政策的三大特点，就可以解开复杂的英国殖民史带给人们的困惑。第一，英国迅速建成了迄今为止世界上最大的殖民地——美洲，其中包括北美洲的十三个殖民地。其殖民扩张规模史无前例。相比之下，西班牙在南美洲的第一代殖民地除促进种族融合外并没有产生很大影响。第二，目前，英国统治着印度，为印度人谋福利，而其他英属殖民地并没有这种待遇。第三，在英国的殖民统治中，各殖民地休戚与共。英属殖民地毗邻中国和日本，辖制美洲，英国还占据了欧洲的一些岛屿，驻足非洲海岸，向多方延伸。在澳大拉西亚①和南大洋②的势力无人能及。

因此，英国拥有年均十亿英镑的商贸进出口业务，而法兰西和德意志有三亿五千万英镑，美国有三亿英镑，俄国有一亿五千万英镑。1886年，英国劳埃德船级社③的首份完整登记簿显示，英国船占全球船总数的52%，其中蒸汽船占63%。商业活动为英国提供了很多海事方面的岗位，也催生了银行系统，伦敦由此成为世界商贸中心。英国越来越强盛，商业日趋繁荣，英语成为受教育者的必修课程，书籍出版与期刊流通也兴旺发达，英国思想在世界精英阶层中迅速传播。

---

① 澳大拉西亚是大洋洲的旧称。——译者注
② 南大洋又称南极海或澳大利亚海，是由印度洋、大西洋和太平洋组成的海域。——译者注
③ 英国劳埃德船级社成立于1760年，负责检验新造船舶，在军工领域享有盛誉。——译者注

# 第 2 章

葡萄牙、西班牙及英格兰的殖民活动

## 第 1 节 殖民动机

冰冻三尺,非一日之寒。大英殖民帝国的形成也非朝夕之功,其初期阶段的筚路蓝缕不必赘述。年轻的英格兰朝气蓬勃,积极进取,犹如初生牛犊。它敏锐地觉察到,擅长航海的英格兰人迎来了新机遇。英格兰南部诸郡对这点的认识尤其深刻。在水手的帮助下,乡绅与商人进行探险活动。其中很多人是奔着黄金去的。不过,早期移民对财富的渴望与后期移民的利欲熏心没有关系。一个人眼光独到、勇敢无畏并且能够掌握命运时,就算唯利是图,也显得高尚。来到陌生的地方,栉风沐雨,与野蛮人相遇,只有那些有勇有谋的人才能从容应对。英格兰人对黄金的渴望远不及西班牙人。他们虽然辛勤劳作,但经常一无所获,于是,不得不寄希望于商业贸易。

新时期贸易活动的目的一方面是开辟新航路,另一方面是推进贸易转型。威尼斯、热那亚与东方的贸易一片繁荣。里斯本、塞维利亚和安特卫普富甲一方。东方航路畅通。在发现新大陆前,欧洲人更熟悉博卡拉和中国西藏等大部分亚洲地区。

## 第 2 节　葡萄牙率先进行殖民活动

　　葡萄牙海岸线狭长，国土面积相对较小，但其航海业在欧洲首屈一指。与摩尔人交战数年后，1385 年，葡萄牙宣布独立，比邻国阿拉贡王国和卡斯蒂尔王国的独立早了一百多年。葡萄牙的亨利王子[①]非常热爱航海探险，虽未身先士卒，但为后辈树立了榜样。四十三年来，他一直居住在葡萄牙的海岸边，管理着地理航海学校。为重振日益衰落的骑士等级制度，亨利王子担任骑士团团长，并重组了"基督秩序"，终其一生致力于非洲海岸的探索事业。受中世纪骑士精神的影响，他终身未婚。文艺复兴运动包罗万象，自然也涉及迦太基和希腊的航海知识。希腊历史学家希罗多德指出，在探险家们朝耕暮耘前，迦太基人和希腊人已经绕非洲海岸航行了两年多。

　　　　漏船远航久，
　　　　罗盘子午丢。
　　　　北辰闪耀处，
　　　　方可知归途。

　　葡萄牙的探险意义重大。亨利王子发现博哈多尔角以外仍是未知世界。直布罗陀海峡和好望角相距六千英里，葡萄牙探险队仅航行了七百英里就到达了博哈多尔角。当时，如果继续向西航行五百英里，探险队就可以抵达马德拉群岛，发现塞内加尔河与冈比亚河。亨利王子发现新大陆不仅适合生产原作物，改良后还可以种植西西里的蔗糖作物和克利特岛的葡萄。1460 年，亨利王子去世，但他的丰功伟绩将被世人永远铭记。后来，探险活动继续进行。探险家们不仅发现并命名了塞利拉昂

---

[①]　亨利王子（Prince Henry，1394—1460），葡萄牙航海探险的先驱。——译者注

## 第 2 章　葡萄牙、西班牙及英格兰的殖民活动

山脉，还发现几内亚湾海岸线往东南延伸。1492年，迪亚士绕过开普敦，发现非洲海岸线继续向东延伸，于是，在阿尔戈阿湾立柱标记后返航。随后，三艘装配精良、负重四百吨的船再次起航。达·伽马有幸开辟了欧亚航线。1497年7月，他带领探险队从塔霍河起航，1498年5月在马拉巴尔海岸的卡利卡特登陆，并在卡利卡特建立了殖民地。后来，他又沿马拉巴尔海岸继续建立殖民地。博哈多尔角与冈比亚河之间的距离不足一千英里，但建立殖民地的过程却长达四十年。在接下来的四十年，葡萄牙在印度开拓殖民地。最终，亨利王子开启的航海事业完成了重组"基督秩序"的使命。

亨利王子

葡萄牙商人励精图治，贸易范围从塔霍河扩展到了中国珠江。1508年到1515年，阿方索·德·阿尔布克尔克担任印度殖民地总督，手握大权。1513年9月，英格兰和苏格兰在弗洛登交战，英王亨利八世忙于解决内乱。与此同时，葡萄牙建立了巴西殖民地，将其作为贸易站，不允许当地政府干预。果阿和潘吉姆至今还留有一些殖民遗迹。布拉干萨家族①将孟买作为凯瑟琳公主②的嫁妆赠予英格兰。葡萄牙是西方探险事业的先驱。哥伦布曾向亨利王子阐述开辟西方新航线的理念。亨利王子虽然对葡萄牙的殖民扩张功不可没，但这次却犯了一个错误，他误解、轻视并拒绝了哥伦布的建议。幸运的是，他创办的学校帮助哥伦布、

---

① 布拉干萨家族曾统治葡萄牙（1640—1910）。——译者注
② 即布拉干萨的凯瑟琳公主（Catherine of Braganza，1638—1705），葡萄牙国王约翰四世之女。1662年，她嫁给英王查理二世，成为英格兰王后。根据英格兰与葡萄牙签署的联姻条约，葡萄牙将孟买作为凯瑟琳公主的嫁妆赠予英格兰。——译者注

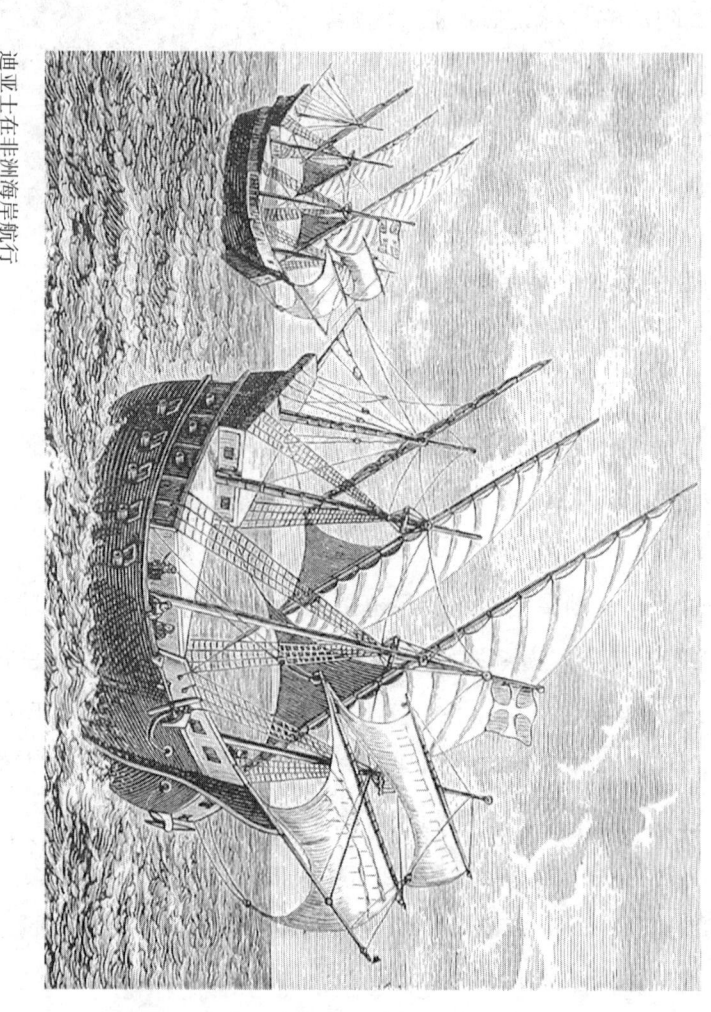
迪亚士在非洲海岸航行

葡萄牙的孟买殖民地

亨利八世（1491—1547）

达·伽马(1460—1524)在卡利卡特登陆

凯瑟琳公主（1638—1705）

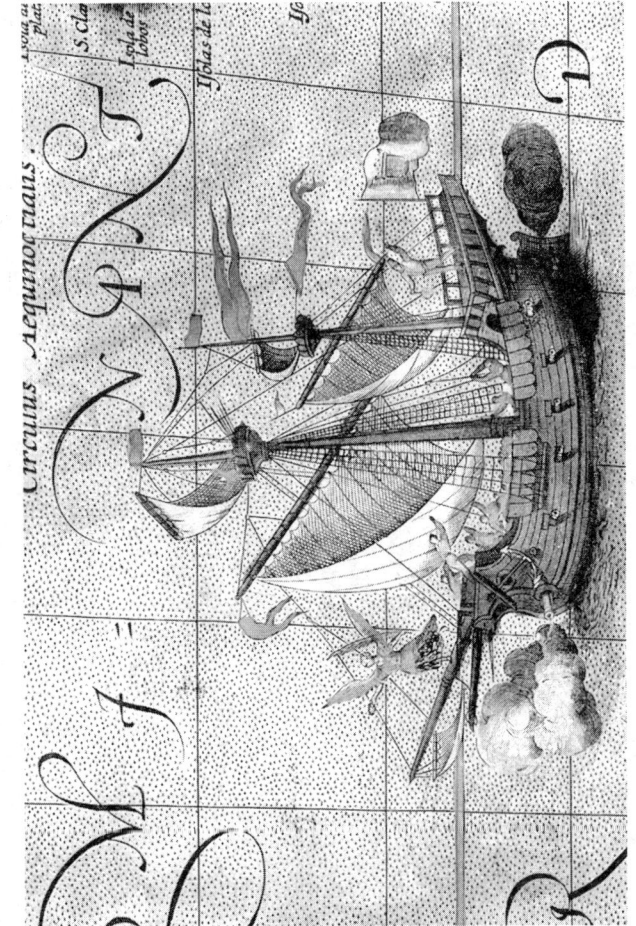

麦哲伦探险驾驶的"维多利亚"号

麦哲伦和葡萄牙探险家加入了西班牙的远航队。这支远航队渡过了普拉特河，成为首批从东边进入太平洋的欧洲人。发现新大陆后，西班牙并没有立即开展殖民活动。葡萄牙乘机占领了新大陆的东部地区，西班牙仅占领了西部地区。由于地理划分的失误，南美洲被划到了新大陆的最东边，因此，巴西归葡萄牙所有。当时，南大西洋与非洲一样不为人知。现在，虽然巴西与葡萄牙没有任何政治联系，但葡萄牙曾经的殖民印记仍然留在了巴西。葡萄牙后期的殖民史并没有值得关注的地方。1580年到1640年，葡萄牙受制于西班牙，领地只剩亚速尔群岛、马德拉群岛、果阿和澳门，以及莫桑比克和安哥拉之间狭长的非洲海岸线，美洲东部的葡萄牙殖民地也相继落入荷兰之手。但荷兰对殖民地的治理非常松散。在与英格兰的斗争中，葡萄牙虽然实力不够雄厚，但其殖民历史依然值

18世纪的澳门

得一提。我们希望，葡萄牙古老而光荣的文化传统能够在非洲大陆传播开来，否则就与英国的南非殖民地一样了。葡萄牙的亨利王子、迪亚士、达·伽马、麦哲伦和阿方索·德·阿尔布克尔克等殖民先驱的探索精神备受殖民史学家的赞誉。

## 第3节 西班牙的殖民活动

翻开西班牙绚丽的殖民史华章，其中不乏轶闻趣事，包括活跃的物质生产、盛行的英雄主义、难以忘记的悲惨遭遇，以及不可名状的挫败，这一切令人感慨万千。一旦荷兰和英格兰对西班牙施加压力，西班牙就会举步维艰，无法开展殖民活动。提及西班牙人，往往难以将他们与"骑士精神"和"浮躁鲁笨"两个对立的词联系起来，但这恰好体现了西班牙人的两面性。在勒班陀海战①中，墨西哥曾支援西班牙，助其获胜。

勒班陀海战

① 勒班陀海战发生于1571年10月7日，由威尼斯、西班牙等组成的"神圣联盟"舰队击退了奥斯曼帝国舰队。在西方海战史上，勒班陀海战是最后一次大规模桨船作战。——译者注

但西班牙人浮躁鲁笨，常常事倍功半，广受英格兰人的诟病。西班牙①不仅拥有杰出的传教士拉斯·卡萨斯和温柔高贵的伊莎贝拉一世，还出现了弗朗西斯科·皮萨罗②这样的暴徒。弗朗西斯科·皮萨罗曾大肆屠杀伊斯帕尼奥拉岛人。西班牙天主教徒在殖民地的暴虐行为激起了英格兰德文郡绅士们的怒火。然而，堂·吉诃德③是西班牙的灵魂人物，彰显了西班牙真正的绅士风度。因此，西班牙人的这种两面性不可调和。

伊莎贝拉一世（1451—1504）

---

① 阿拉贡国王斐迪南二世娶了卡斯蒂尔女王伊莎贝拉一世，两国合并，称西班牙王国。——译者注
② 弗朗西斯科·皮萨罗（Francisco Pizarro，1471—1541），从小没有接受教育，是西班牙文盲探险家，也是印加帝国的征服者。——译者注
③ 堂·吉诃德（Don Quixote）应是民国时期译法。在英语中，Don 是尊称，意思是"殿下或阁下"，既非名亦非姓。然而，这种译法在我国已经约定俗成，不得不遵从。——译者注

第 2 章　葡萄牙、西班牙及英格兰的殖民活动

西班牙的早期殖民活动有三大优势,具体如下:

第一,由于长期与摩尔人交战,西班牙绅士已经对游击战习以为常。

第二,查理五世和腓力二世①在位时的西班牙,卡斯蒂尔、安达卢西亚、比斯开湾的海员都加入了佛兰德斯的纺织行业及意大利与盟国的产业组织。

第三,西班牙擅长借助外力成就霸业。来自热那亚的哥伦布和葡萄牙的麦哲伦以西班牙的名义远航,为其赢得了在西方世界的话语权。

腓力二世(1527—1598)

---

① 腓力二世是查理五世之子。——译者注

西班牙在加勒比海湾开发了一座岛屿,准备聚敛财富。但由于当地的资源有限,失望的探险家们只能另辟蹊径。埃尔南·科尔特斯远赴美洲中部,到达墨西哥。弗朗西斯科·皮萨罗抵达秘鲁。瓦斯科·努涅斯·德·巴尔沃亚是发现太平洋的欧洲第一人。这些探险家不畏艰险,四处探索,在墨西哥和秘鲁的矿山里挖掘珍贵的金属。严格意义上的殖民活动包括现有民族的迁徙和新民族的产生。移民赋予了新大陆一定的殖民特性。西班牙人与美洲的土著人逐渐融合,不仅保证了人种的多样性,还使美洲殖民地具有了"半欧洲化"特征。英格兰利用种族融合进行殖民,殖民美洲的方式属于种族入侵。西班牙促进了中南美洲的民族

瓦斯科·努涅斯·德·巴尔沃亚(1475—1519)

第2章 葡萄牙、西班牙及英格兰的殖民活动

融合。后文将详细叙述西班牙专制政府成为大资本家的过程。当时,西班牙的贸易活动席卷了塞维利亚和加的斯,并在大西洋沿岸建立了很多商贸机构。埃尔南·科尔特斯和弗朗西斯科·皮萨罗的舰队分别往返于迦太基与韦拉克鲁斯,进行贸易运输。

由于治理不力,西班牙在美洲的殖民地逐渐分裂,有的朝迁市变,有的攀附欧洲。毫无疑问,驱逐摩尔人和犹太人使伊比利亚半岛损失惨重,但墨西哥和秘鲁的银矿弥补了其经济损失。西班牙热衷于侵占他国,驱逐其国民,但最终,这种民族特性使它丧失了世界霸主地位。然而,西班牙昔日的辉煌曾激励伊纳爵·罗耀拉、圣特蕾莎修女、迭戈·委拉

弗朗西斯科·皮萨罗(1471—1541)

斯凯兹、牟利罗和米格尔·德·塞万提斯·萨维德拉等前赴后继,为西班牙文化的传播做出了巨大贡献。但现在,西班牙的辉煌烟消云散了。

## 第 4 节 英格兰的殖民活动

要了解英格兰的殖民史,理查德·哈克卢特的著作是必不可少的参考文献。这位传教士曾是牛津基督教堂学院的学生,1582 年出版了著作《英格兰重要航海、航行、交通和地理发现》,详细描述了英格兰当时的航海与地理发现。但理查德·哈克卢特没有潜心研究学问或著书立说。他从小喜欢研究人类行为。面对叔叔的地图,他曾欣喜若狂地沉浸在地理发现的冒险故事中。曾有人指责英格兰在航海军事竞赛中姗姗来

牛津基督教堂学院

## 第 2 章　葡萄牙、西班牙及英格兰的殖民活动

迟,但其依靠优越的地理位置,加上英格兰人的勇敢,依然占据了绝对优势。理查德·哈克卢特的著作以清晰的思路描述了英格兰在伊丽莎白一世时代及之前的航海探险与地理发现,史料丰富,案例经典。

理查德·哈克卢特记载了威尼斯海员卡伯特父子发现北美洲并得到英王亨利七世鼎力支持的史实。塞巴斯蒂安·卡伯特将自己的航海发现绘制在地图上,并附了注释。理查德·哈克卢特将其解读为:"1497年6月24日凌晨5时,约翰·卡伯特和塞巴斯蒂安·卡伯特率领一支英格兰舰队,从布里斯托尔出发抵达了新大陆。这是卡伯特父子的第一

亨利七世（1457—1509）

次航海探险。"与此同时,汉弗莱·吉尔伯特和马丁·弗罗比舍率领的一行人向西北航行。雅克·卡蒂埃与法兰西探险家一起勘探了加拿大的河流,沿海岸线向南航行至佛罗里达。英王特许卡伯特父子以英格兰的名义扩充船,招募船员,并规定新大陆均享有英格兰王室的保护和贸易特权。作为回报,卡伯特应将航海收益的20%献给英王。汉弗莱·吉尔伯特爵士在伊丽莎白一世的特许下,获得了相应的权益,但王室的馈赠远少于通过贸易保护获得的收益。1600年,《东印度公司规章》以贸易收支平衡为宗旨,将航海家们的成功归功于伊丽莎白一世的支持。除

雅克·卡蒂埃(1491—1557)

了军官与海员,探险队里还有几位绅士冒险家。探险队组建初期纪律涣散。指挥官为了严明纪律,禁止船员们污言秽语、聚众赌博。因此,"探险队逐渐变得指挥有序,每个人都做好了再次为国家效力的准备"。马丁·弗罗比舍第三次航行的口号体现了当时的宗教思想,即"上帝先创造了人,然后创造了世界"。返航时,这种宗教思想仍然根植于英格兰的政治理念中。1583年,汉弗莱·吉尔伯特制订了管理纽芬兰的三大规定:第一,宗教信仰要皈依英格兰国教;第二,反对英王的统治就是叛国;第三,发表对英王不敬的言论,将被割耳、剥夺船及财物。作为

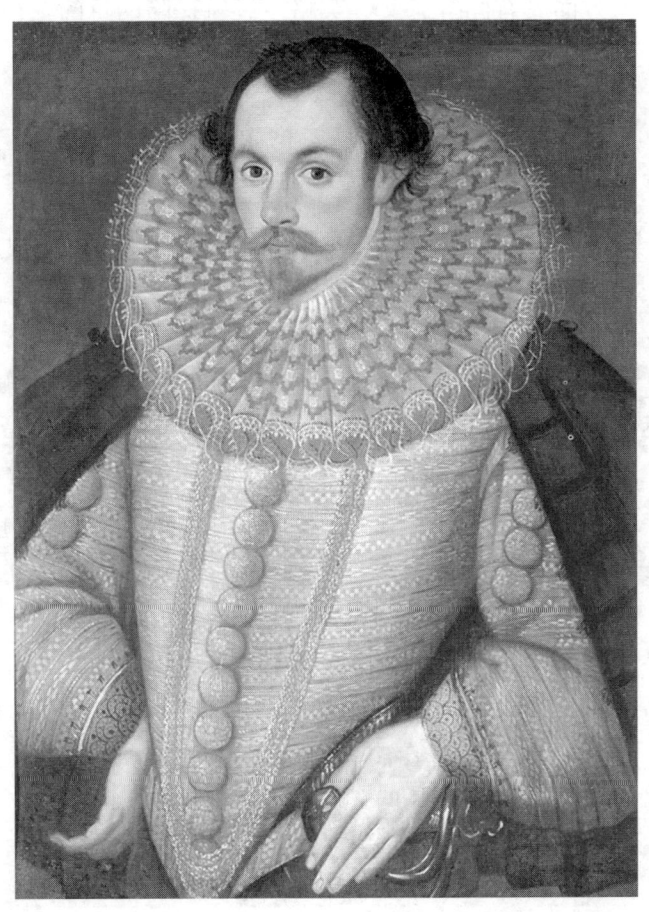

马丁·弗罗比舍(1535—1594)

探险队唯一幸存的绅士,黑尔斯先生如实记录了汉弗莱·吉尔伯特的航海轶事,并指出其冒险活动主要是为了传播宗教。然而,很早以前争夺海上利益的战争爆发了。1578年,汉弗莱·吉尔伯特发布了关于纽芬兰渔业立场的声明。声明指出,在比斯开湾,西班牙的渔船有二十或三十艘,葡萄牙有五十艘,法兰西王国和布列塔尼公国有一百五十艘,而英格兰的渔船有五十艘。但后来,"英格兰成为各大渔港的霸主",积极发展捕鱼业、制盐业和造船业,继续发扬传统风尚。

汉弗莱·吉尔伯特持有的特许令与后来英格兰与非洲国家所签条约在国际影响力方面具有同等意义。英格兰远航探险的目的是征服"非基

汉弗莱·吉尔伯特(1539—1583)

督教国家"。英格兰律法规定，如果汉弗莱·吉尔伯特及其继承者冒犯英格兰的盟国，而且拒不悔改，英格兰将不再庇护他们。任何新兴国家只有效忠英格兰，才能受其保护。

英格兰的定居地成了殖民地，殖民开拓也扩展到了海上，但殖民地与宗主国仍然保持着内在联系。与苏格兰结盟前，英格兰与爱尔兰所有登记在册的居民一直效忠英王并享有特权。汉弗莱·吉尔伯特及其继承者掌握着爱尔兰的民事及刑事权。托马斯·霍布斯提出的"自然状态"和国家起源学说指出，人们通过遵守"自然法"订立契约，并形成国家，英格兰的立法应与基督教和国教信仰相行不悖。灵活的政治模式能够保证国家的长治久安，但这一理念需要与弗朗西斯·培根睿智的法理精神、威廉·塞西尔的务实作风及弗朗西斯·沃尔辛厄姆的诚信品质结合。

英格兰的杰出人士纷纷为对外政策和国计民生建言献策。老理查德·哈克卢特曾在写给朋友的信中谈到他与马丁·弗罗比舍的航海探险。他说这类探险活动不仅可以丰富航海经验，还能发家致富。他建议英格兰停止向西班牙供应燃油、麻、树脂和橘子，并减少向法兰西供应靛蓝颜料、海盐、加斯科因葡萄酒、伊斯特兰亚麻和柏油，还提议在新占领的大陆兴建城市，为国内持不同政见者及异教徒提供避难所。

1624年，剑桥大学圣约翰学院的塞缪尔·珀切斯出版了《珀切斯朝圣记》。该书记载了英格兰的早期历史成就，描述了"英格兰探险家如何以海为家，让一望无际的海洋成为触手可及的渡口"，以及"英格兰成就帝国霸业"的过程。

伊丽莎白一世驾崩后，英格兰的殖民活动蓬勃发展，成就显著。英格兰控制了纽芬兰的渔业；在圣劳伦斯和佛罗里达沿岸开拓殖民地；开辟了一条通往中国与印度的西北航道；发起了两次环球远征；数次劫掠西班牙在墨西哥和秘鲁的货船，撼动了西班牙的海上霸主地位。英格兰人以精湛的航海技

托马斯·霍布斯（1588—1679）

威廉·塞西尔（1520—1598）

术、勇往直前的探索精神和严以律己的品质享誉世界。他们积极发展商业贸易，但并不聚敛无厌，同时信奉宗教，富有同情心。

  理查德·哈克卢特和塞缪尔·珀切斯的著作令人叹服。书中洋溢着英格兰人的智慧与进取精神。英格兰人虽然不及西班牙人浮华与浪漫，但依然在人类发展史上留下了浓墨重彩的一笔。

# 第 3 章

殖民扩张导致欧洲爆发战争

## 第 1 节 西班牙

　　文明国度与野蛮部落之间的博弈、人类对自然的改造，以及欧洲各国之间的激烈竞争等，推动了欧洲的殖民扩张。扩张和垄断带来的巨大利益使英格兰与竞争对手之间的关系剑拔弩张。英格兰轻而易举战胜了葡萄牙，但其与西班牙的冲突频发。双方为争夺属地兵戎相见。然而，这些都不是真正意义上的战争，因为双方都没有出动军舰或派遣海军，只是展开一些袭击骚扰和烧杀抢掠。英格兰对殖民扩张的态度一直模棱两可。受塞缪尔·珀切斯崇拜的"海上霸权之母"伊丽莎白一世对殖民活动非常支持，而且精于权术。伟大的弗朗西斯·德雷克船长为航海探险事业砥砺前行，却无奈时运不济。1588 年，在异教徒的注视下，西班牙集结无敌舰队进攻英格兰，最终铩羽而归。统领新教的伊丽莎白一世在圣保罗参加了感恩节仪式。当天出席活动的还有苏格兰国王、丹麦国王、挪威国王、瑞典国王和纳瓦拉国王、日内瓦和神圣罗马帝国的新教市民。作为新教国家的代表，英格兰本土重熙累盛，但其海外殖民活动显得相形见绌。为了解决查理一世时代遗留下来的西印度群岛争端，英格兰与法兰西签署条约，特设了皇家殖民岛屿。这时，勤劳的法兰西新教徒还没有遭到

弗朗西斯·德雷克(1540—1596)

查理一世(1600—1649)

迫害。与此同时，法兰西王国羽翼渐丰，西班牙王国却日渐式微。虽然西班牙的霸权地位受到威胁，出于对罗马教皇权力的恐惧，英格兰对西班牙仍然存有敌意并视其为豺狼虎豹，坚信西班牙与教皇阻碍了英格兰的自由和进步。弗朗西斯·德雷克曾给牙买加的海军中将写了一份信，信中说道："古罗马的西班牙与英格兰一直交恶，犹如古巴比伦王国冒犯了上帝。"从某种意义上来说，英格兰与西班牙的冲突是英格兰以上帝的名义与西班牙争夺海上霸权的斗争。为了获得胜利，奥利弗·克伦威尔派罗伯特·布莱克远赴地中海，与佛罗伦萨公爵和突尼斯大公抗衡。

奥利弗·克伦威尔（1599—1658）

他在下议院指出:"英格兰的天敌就是西班牙。"当时,西班牙拒绝在西印度群岛进行宗教钳制与贸易垄断,但英格兰的天主教徒更亲近西班牙,从而使英格兰对西班牙产生了误判。当奥利弗·克伦威尔时代结束、西班牙的骑士精神灰飞烟灭时,英格兰才意识到法兰西已经日富月昌,锋芒逼人。

## 第 2 节 荷 兰

作为一个资源匮乏的小国,荷兰与英格兰之间摩擦不断,争夺所谓的海上霸权。荷兰由部分脱离西班牙统治的省份构成,包括锡兰在印度半岛海岸线附近的海角与海峡,以及印度洋与中国诸海之间的群岛。作为欧洲大陆的海上先锋,荷兰从葡萄牙手中夺取了东部区域,并试图打通环绕新地岛和斯匹次卑尔根岛的东北航线。荷兰探险队首次发现了冰封区,并于1596年在新地岛东海岸北纬80°的北极地区度过了三个月。荷兰虽然并没有打通东北航道,但却发现了斯匹次卑尔根岛的鲸鱼产地。现在,一百多艘荷兰船在那里过着令人艳羡的生活。东北方向的航行受挫后,荷兰逐渐取代了葡萄牙,统治锡兰海角,并在美洲建立了新阿姆斯特丹。在环球航海的六大事件中,荷兰就占据了一半。借助精准的地球仪、详尽的海图和清晰的地图,荷兰探险队开始绕合恩角航行。二十多年后,亚伯·塔斯曼发现了新西兰和塔斯马尼亚岛。

通过公私合营的产业运营方式,荷兰的实力得到了增强。弗朗西斯·培根曾在《论叛乱》中将荷兰的产业与贸易比作世界上最好的地表矿。荷兰人头脑聪慧、勤于劳作,基于商业兴建产业。一些荷兰殖民者获得了官方的资助,但大多数殖民者受私人赞助。这种合资经营模式有利于资本的良性循环。由于需要长期、按时支付高额红利,而荷兰人又节俭成性,持股人比较急功近利,因此,亚里士多德所谓的"慷慨"与

亚伯·塔斯曼（1603—1659）与家人

"远见"在荷兰人中间根本无迹可寻。教育体制的私有性局限了改革进程，但荷兰人希望即刻获得利润，终究无法走上殖民扩张的康庄大道。

曾经的荷兰国力鼎盛、百业俱兴，是英格兰商人最向往的国家，备受伦敦交易所的关注。荷兰商船在欧洲两万五千艘商船中占比超过60%，是法兰西的三倍。荷兰通过向欧洲运输商品获取佣金，促进了转口贸易的发展。控制欧洲的转口贸易后，荷兰征得英格兰同意，将《海洋法案》修改为：放行荷兰商船上的法兰西商品。当时，在英格兰，荷兰商船属于中立船，法兰西商船属于敌对船，因此，法兰西商船上的荷兰货物均被英格兰没收。这与旧的海洋法恰恰相反。荷兰商船在欧洲畅通无阻，获益颇丰，但却因损人利己成为众矢之的。出于宗教同情，奥利弗·克伦威尔并不希望英荷对立，但他最后还是被迫采取了行动。著名的《航海条例》由此产生。约翰·德莱顿曾在诗中描述了当时的景象：

> 贸易就像血液循环，
> 一旦阻滞，
> 商品流通就会如履薄冰。
> 世界财富聚集之所，
> 必为浅滩沉船之处！

《航海条例》规定，被贴上荷兰货物标签的非荷兰货物不得运送至英格兰。该条例一旦生效，必定会对荷兰造成致命的打击。英格兰不乏"勇猛"的海员精神，譬如1652年，罗伯特·布莱克对抗德·吕泰尔和科内利斯·特龙普时的雷厉风行。奥利弗·克伦威尔与查理二世[①]统治时代，英格兰在与荷兰的战役中屡战屡胜。《航海条例》生效后，英格兰从荷兰手中夺取了东海运输的垄断权。但英格兰的目的并不是干涉荷兰的海上贸易，而是想在海运业占有一席之地。1667年，英格兰与荷兰在战后签订的协议规定，荷兰负责所有莱茵河流域的商品运输。商品在鹿特丹和阿姆斯特丹经荷兰商人转手，英格兰商人无权插手。随后，法兰西与英格兰冲突骤起，英荷联盟建立，但查理二世再次失信于荷兰。1714年，斯图亚特王室退出历史舞台。与此同时，荷兰也不复往日的辉煌。奥兰治的威廉[②]出于宗教同情和商贸利益，利用英荷联盟抗击路易十四。

---

① 查理二世（Charles II，1630—1685），查理一世之子，英格兰、苏格兰和爱尔兰的共主。1651年9月3日，在伍斯特战役败北之后，他逃往欧洲。1658年，他成功复辟，实行开明统治。——译者注
② 即后来的英王威廉三世（William III，1650—1702）。——译者注

罗伯特·布莱克(1599—1657)

德·吕泰尔（1607—1676）

科内利斯·特龙普(1629—1691)

查理二世(1630—1685)

## 第 3 节 法兰西

英格兰与法兰西之间的争斗持续了很长时间,是时候结束了。17 世纪的法兰西希望在欧洲独占鳌头。伏尔泰曾称颂路易十四时代为"世界文明全面发展的伟大时期"。如果在弥尔顿时代,英格兰能涌现出远胜于高乃依或让·拉辛的杰出人物,一定会令莫里哀、让·德·拉·封丹和塞维涅夫人黯然失色。尼古拉·布瓦洛的文学批评风格简洁明了,形成了独具一格的文学批评模式。虽然雅克-贝尼涅·波舒哀和弗朗索瓦·费奈隆与其他任何一位英格兰神学家不相伯仲,但在哲学方面,托

塞维涅夫人(1626—1696)

马斯·霍布斯却无法与勒内·笛卡尔相提并论,也没有人能与布莱士·帕斯卡平分秋色。阿尔芒·让·迪普莱西·德·黎塞留和尤勒·马萨林出众的领导才能使法兰西的政治制度源远流长。让-巴普蒂斯特·柯尔贝尔是可以与葡萄牙的亨利王子媲美的法兰西政治家,他在欧洲殖民化进程中的丰功伟绩流传至今。他建立了卓有成效的殖民体系,加强了国家机构改革,其改革范围包括住房、金融、农商、外事和海事等方面,但并不仅限于温饱政策,还重点关注惠民政策。让-巴普蒂斯

阿尔芒·让·迪普莱西·德·黎塞留(1585—1642)

特·柯尔贝尔执政的二十二年里,在金融方面,法兰西王国的毛收入由八千四百万法郎增至一亿一千二百万法郎,净收入由三千二百万法郎增至九千四百万法郎;在商贸方面,法兰西创办的五大商业公司均由法兰西王子持股;在外事方面,法兰西增加了法属西印度群岛的兵力,并侵占了海地,盘踞在卡宴和加拿大,占据了路易斯安那、戈里和马达加斯加的东海岸,在苏拉特、金德讷格尔和本地治里建厂;在海事方面,法兰西海员数量由三万六千人扩招至七万七千人,海船数量从三十艘增至一百七十六艘。让－巴普蒂斯特·柯尔贝尔与英格兰的沃尔特·雷利、奥利弗·克伦威尔和威廉·皮特一样功勋卓著。法兰西奠定了人类精神

沃尔特·雷利(1552—1618)

文明的基础，构筑了世界的主流道德框架，其文学、艺术和科学驰名当世。相比之下，英格兰却名不见经传。

1690年前，英格兰与法兰西立场相同。法兰西的殖民地位难以撼动，而且前景可观。法兰西在北美开发了加拿大、阿卡迪亚和布雷顿角，坐拥纽芬兰海岸，南据密西西比河口，从西印度群岛入侵了马提尼克岛和瓜德罗普岛，并占领了非洲的塞内加尔，侵占了印度半岛的本地治里和金德讷格尔。曾几何时，法兰西群贤毕至，雄居世界，其商业与海事规模方兴未艾。

## 第4节 第二次百年战争

从奥兰治的威廉继位，到威灵顿公爵阿瑟·韦尔斯利[①]的滑铁卢大捷，英格兰与法兰西之间的战争使两国人民饱受战火之苦。约翰·罗伯特·西利教授指出，在第二次百年战争的一百二十七年时间里，为了争夺欧洲大陆以外的统治权，以英格兰与法兰西为首的两大阵营交恶六十四年。法兰西革命引发的无政府状态打破了欧洲各国之间的平衡，王朝更迭等因素使法属殖民地与宗主国长期处于敌对和仇恨状态。

1661年，英格兰人口增至约七百五十万，法兰西人口稳定在两千万左右。法兰西历史学家维克托·迪吕伊概述了当时的情况。他说："路易十四统治的王国地利人和，并且拥有名臣辅佐。即使经历了投石党运动[②]的浩劫，法兰西的权威也没有受到丝毫撼动。当时，让－巴普蒂斯特·柯尔贝尔掌握着法兰西的财政大权，英勇善战的卢瓦侯爵统率着法兰西大军。没落的西班牙、混乱的神圣罗马帝国、怯懦的奥地利、弱小

---

[①] 阿瑟·韦尔斯利（Arthur Wellesley, 1769—1852），英国军事家、政治家，曾两次担任首相。1815年，他在滑铁卢战役中击败拿破仑，成为英军的最高统帅。——译者注
[②] 投石党运动（Fronde）是1648年到1653年法兰西王国爆发的反对专制王权的政治运动。——译者注

威灵顿公爵阿瑟·韦尔斯利（1769—1852）

滑铁卢大捷

的意大利、在卡尔十世①统治下一蹶不振的瑞典，以及颓败萎靡的荷兰，映衬出了法兰西的强盛。二十五年来，因为斯图亚特王室反对在外交事务中掺杂民族主义情怀及英王威廉三世尸位素餐，所以英格兰的发展一直停滞不前。"

　　法兰西对宗教采取了零容忍政策。1685年，新教特权被取消。于是，一部分法兰西人被迫流亡英格兰，因为当时的伦敦已经有三十一个天主教圣会。也有一些法兰西人流落到了荷兰、神圣罗马帝国和美洲。法兰

卡尔十世（1622—1660）

---

① 卡尔十世（Karl X，1622—1660），瑞典国王（1654—1660）。——译者注

西首相竭尽全力清除异教徒，却没有意识到这对法兰西来说其实是一场灾难。当时，至少有二十五万良工巧匠不顾士兵的阻拦越过了边境线，试图远离专制独裁的法兰西王国。法属殖民地的监控比英属殖民地严格，路易斯安那的居民并不像新英格兰的居民那么自由，而且法属各殖民地禁止居民从事圣事活动。法兰西政客曾经指出："国王不能为了在美洲建立殖民地，将新教徒驱逐出境。"

此外，法兰西政府并不能与时俱进。历任官员中，出类拔萃的文臣武将寥寥无几，赤胆忠心的人更是凤毛麟角。法兰西专制政府或发动侵略，或防御突袭，但疲于应付持久战。各级官员贪污腐败，恶迹昭著，对政府造成了致命打击。面对与英格兰频发的冲突，法兰西亟须增强海军力量。乔治·麦考利·特里维廉曾详细描述了1692年的拉霍格海战。儒勒·米什莱也曾谈到，英军实力日渐强盛，法军无法与之抗衡。

拉霍格海战

欧洲各国一致认为，正是英格兰人的无所作为延续了斯图亚特王室的国祚。一旦坚决反对法兰西的英王驾崩，英属殖民地就将再次落入法兰西人手中。路易十四为自己的后代争夺西班牙王位，继而引发了"西班牙王位继承战争"。当时的法兰西已经犹如西风残照。英格兰进退维谷，无论加入西班牙与法兰西联盟还是加入西班牙与奥地利联盟，都会得罪另一方。儒勒·米什莱说："英格兰觊觎西属印度群岛，垂涎美洲和亚洲的贸易走私品，渴望发展商业贸易，而法兰西却继承了颇有争议的王位。"1704年到1713年，路易十四疯狂地滥杀无辜，其罪行罄竹难书。

儒勒·米什莱（1798—1874）

## 第 3 章　殖民扩张导致欧洲爆发战争

安德鲁·阿格纽爵士曾指出，英格兰应该关注自己的海上领地，一旦西班牙的海上霸主地位被法兰西取代，英格兰在未来将无所建树。马尔伯勒公爵约翰·丘吉尔在"西班牙王位继承战争"中功勋卓著。英格兰人对国家的未来信心满满。

1713 年的《乌得勒支和约》充满浓厚的殖民利益气息。腓力五世继承了西班牙王位，并与法兰西王室联姻。然而，《乌得勒支和约》规定，西班牙不得为法兰西提供任何海洋商贸方面的便利，但英格兰可以每年派一艘五百吨位的商船在西属殖民地从事大规模走私贸易。

虽然罗伯特·沃波尔竭尽全力试图使英格兰免受欧洲战争的影响，并终生致力于和平事业，但依然没有摆脱商人们对他的厌恶。1743 年，由于西班牙明确禁止开放贸易，英格兰卷入了与西班牙的战争中。奥地利王位的继承权引发了代廷根战役和丰特努瓦战役，基于殖民利益的法兰西与奥地利联盟由此建立。法兰西与西班牙之间的秘密联姻对英格兰非常不利。1748 年，亚琛战役暂时休战。儒勒·米什莱评价这场战役说："这场仓促而愚蠢的战争向人们发出了警告，即我们需要不惜一切代价实现和平。"各国海外殖民地的形势也容不乐观。英格兰与法兰西在美洲和印度的各种政策相互矛盾，局部冲突不断。在美洲，法兰西试图通过堡垒连接加拿大和路易斯安那两大殖民地，并利用大西洋和阿勒格尼山脉封堵英属殖民地。英军支持的弗吉尼亚殖民者在俄亥俄山谷奋力抵抗法兰西与印第安联军，乔治·华盛顿时任殖民地领袖，成功地将阿卡迪亚人从圣劳伦斯赶了出去。人们可以从亨利·沃兹沃斯·朗费罗的《伊万杰琳》中感受到这种离殇。英格兰与法兰西在印度的统治权问题上产生了争议，法方代表是位高权重的贝特朗-弗朗索瓦·马埃·德·布尔多奈、约瑟夫·弗朗索瓦·迪普莱、马奎斯·德·比西-卡斯泰尔诺和托马斯·亚瑟。约瑟夫·弗朗索瓦·迪普莱想要依托印度半岛的土著建立印度殖民帝国，以便区别于葡萄牙和荷兰的工厂体系，但遭到了反对，

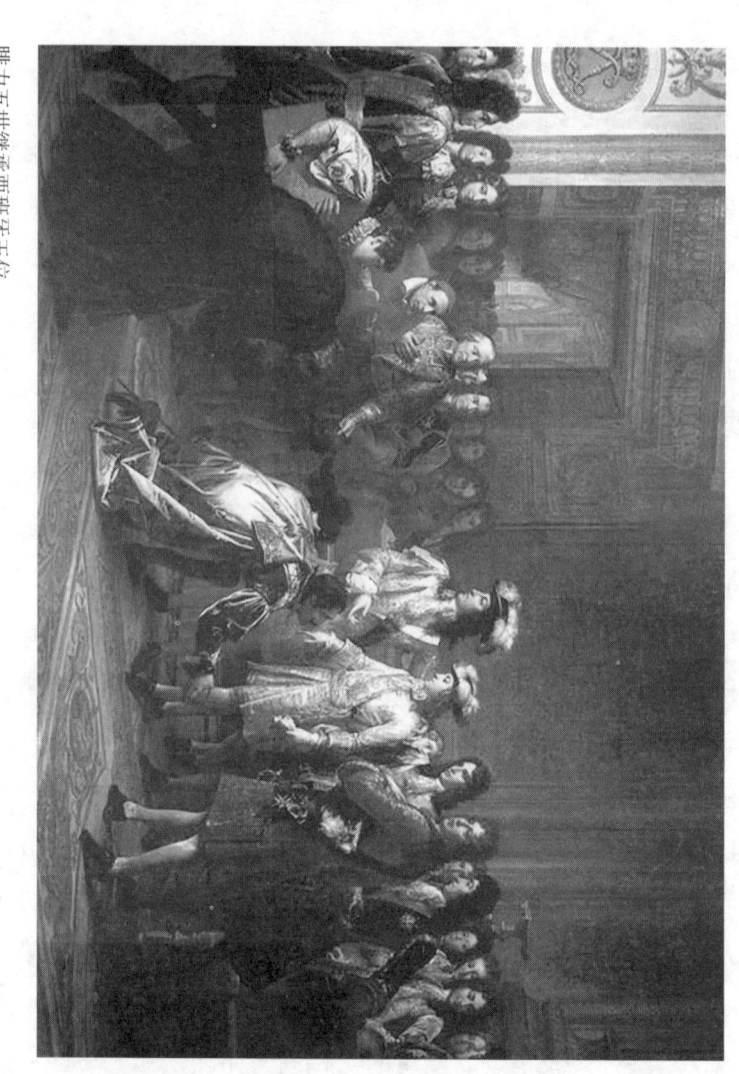

腓力五世继承西班牙王位

丰特努瓦战役

被迫做出了让步,最后郁郁而终。精明的罗伯特·克莱夫和实力雄厚的东印度公司解决了卡纳蒂克海岸问题。但由于缺乏资金,托马斯·亚瑟无法开展计划,致使法兰西在印度殖民地的利益丧失殆尽,最后被法兰西政府处决。贝特朗-弗朗索瓦·马埃·德·布尔多奈锒铛入狱,令人惋惜。

## 第 5 节 威廉·皮特

七年战争的战火蔓延到了欧洲大陆。1756 年,联盟战线发生了变化。奥地利转而与法兰西结盟,法兰西也以"自由与和平的欧洲"的名义支持玛丽亚·特蕾莎。奥地利与法兰西两百年的敌意烟消云散。1757

玛丽亚·特蕾莎(1717—1780)

## 第 3 章 殖民扩张导致欧洲爆发战争

年年初,英格兰全力支持腓特烈二世推动的"自由欧洲和德意志新教运动"。五万援军驻扎在汉诺威和波罗的海,并在罗斯巴赫力克法军,遣散了西里西亚的奥地利人。明登大捷后,腓特烈二世乘胜追击,形成了新的势力范围,神圣罗马帝国统一。当时的欧洲时局对英格兰很不利。腓特烈二世四面树敌,频繁引发战争。爱德华·布雷多克在俄亥俄山谷丧生;梅诺卡岛被法兰西的地中海舰队攻陷;直布罗陀岌岌可危;坎伯兰公爵寡不敌众,被迫解散了汉诺威军队;腓特烈二世被逐出波希米亚。切斯特菲尔德勋爵感慨道:"国将不国!"

回顾历史,英格兰还没有出现一位像威廉·皮特这样踌躇满志、深得民心的首相。威廉·皮特联合腓特烈二世对内肃清吏治,对外折冲千里。他的干将詹姆斯·彼得·沃尔夫率兵轰炸了魁北克,罗伯特·克莱

罗斯巴赫战役

夫统辖着孟加拉湾。海军上将爱德华·霍克与爱德华·博斯科恩分别在基伯龙和拉各斯大败法军。1759年,英军捷报频传。1759年6月,英军攻克了瓜德罗普;1759年9月,明登大捷,英格兰军舰在土伦登陆;1759年10月,英军勇夺魁北克;1759年11月,布雷斯特军舰以岩石和浅滩为掩体,向法军发起了进攻。有评论写道:"如果继续打下去,攻打法军就如同殴打女人一般可耻。"贺拉斯·沃波尔曾写信给朋友道:"我们那破旧的钟时刻准备着奏响胜利之音!我现在听到的全是征服美洲的捷报。再见,朋友!附言:如果我们在圣诞节前攻下墨西哥,我会复信给你。"

贺拉斯·沃波尔一针见血地指出:"事实上,法兰西的处境非常尴尬。历史上还没有哪个君主制国家像它这样蒙羞。法兰西似乎没有文臣武将和精甲锐兵。其内阁的行为远比战时的行径更滑稽可笑。"由于法

基伯龙海战

兰西支付不起国债利息，英格兰报纸曾嘲讽道："巴黎的'小路易'是和平的破坏者。"

七年战争在现代史上意义深远：第一，它巩固了普鲁士王国的君主制；第二，它明确了英格兰对印度的统治权；第三，它确定了英格兰对北美洲的统治权。

英格兰的丰功伟绩都归功于伟大的威廉·皮特。1778年6月3日，贺拉斯·沃波尔发表了饱受争议的评论，他说："我并不知道威廉·皮特的墓地所在地，也没有那么热爱他，但我真正了解他！威廉·皮特领

威廉·皮特（1708—1778）

导的英格兰坚不可摧，而且声名远扬。法兰西虽然失败了，但依然对约翰·丘吉尔、马尔伯勒公爵和威廉·皮特心存敬畏。因此，我的批评不足挂齿。"

英格兰与法兰西联手向美洲殖民，进入了百年战争的新阶段。对法兰西海军的供给致使英格兰军备锐减，陷入重重困境。1780年的英格兰危机四伏。法兰西与西班牙联合舰队围攻了直布罗陀；驻扎在西印度群岛的军舰对英属殖民地虎视眈眈，侵袭了加的斯的六十艘英国商船；北欧各国保持中立，全副武装地竖起了冰墙；荷兰的主要殖民地也掀起了抵抗英军的热潮，重创了英格兰兵力；印度的穆斯林领袖海德尔·阿里威胁着英格兰在印度的统治地位；保罗·琼斯等走私者毁坏了英格兰商船；爱尔兰牢骚满腹，议会中的反对派能言善辩。幸运的是，威廉·皮特的精神并没有消逝。乔治·奥古斯都·埃利奥特解救了直布罗陀；沃

乔治·奥古斯都·埃利奥特解救直布罗陀

伦·黑斯廷斯坚守着印度；乔治·布里奇斯·罗德尼征服了西班牙，在西印度群岛大败法军。1782年，法兰西收复了部分失地，恢复了声望，但与1763年相比，它的海事实力依然比不上英格兰。

## 第 6 节 抗击拿破仑

法兰西的君主制垮台后，为了争夺欧洲霸权，英格兰与法兰西再次挑起了战事。拿破仑领导的战争并不是殖民战争。霍雷肖·纳尔逊成功削弱了法兰西的海军势力，并反对大革命精神与拿破仑的计划。拿破仑将目光投向了东方。1797年，意大利大捷使坎波福尔米奥恢复了和平。随后，拿破仑转战埃及和地中海，攻克了英属殖民地，并殖民印度。这是他应对英格兰的战略。正如德·斯塔埃尔夫人所言："摧毁英属殖民地是对英格兰贸易的致命一击。"霍雷肖·纳尔逊在尼罗河流域节节获胜，西德尼·史密斯也在阿克里攻无不克。这些战役有效地牵制了法兰西的力量。拿破仑凭借《柏林敕令》重创了英格兰。但英格兰毫不气馁，成功拆散了法兰西与西班牙联盟。1814年，英国与普鲁士王国、俄国在维也纳削弱了法兰西的势力，逐渐强大起来。英国守住了自1783年以来获得的殖民地。

## 第 7 节 结　局

回顾这场旷日持久、触目惊心的百年战争，英格兰凭借强盛的国力与进取精神，无论是在威廉·皮特掌权执政时期，还是政权更迭、庸人治理时期，英格兰人的家国情怀丝毫没有减少。历史学家对法兰西的成败给出了公正的评判，即法兰西内忧外患，比英格兰的处境更艰难，需要解决的难题也更多。在英法两国对抗初期，法兰西文明影响深远，同

霍雷肖·纳尔逊在尼罗河流域打击法军

西德尼·史密斯在阿克里战胜法军

时比英格兰文明更强盛,但因患有先天"软骨症",独木难支。英格兰人思想自由,身强体健,而且不想统治他国,只是为了国家的繁荣兴旺向外寻求合法的物质资源。

  为了争夺殖民地和攫取商业利益,英格兰与法兰西之间冲突不断。它们之间的战争与以往野心勃勃、剑拔弩张、血流成河的战争不同。弗朗西斯·培根在《论邦国的真正伟大之处》中指出,英法战争的精神既非野心也非激情。这与詹姆斯·艾伯拉姆·加菲尔德总统的时代宣言不谋而合,即"思想是世界上最伟大的勇士,没有思想的战争仅是一场蛮夷之战"。约翰·罗伯特·西利教授也曾说,这种旷日持久的利益争夺战意义非凡,为国家发展提供了广阔的自由空间。

# 第 4 章

美洲殖民地：发展与独立

在印刷时代，关于美洲三百年殖民史的资料可谓汗牛充栋，历史学家从中发掘出了丰富的名言警句和研究史料。16世纪上半叶，英格兰史学家加德纳教授充分意识到了这些史料的价值，并声称："未来的英格兰人将不再关注詹姆斯一世时代的领地与议会特权问题，转而思考一小群流亡者的命运。"也许正是一些作家的小说和诗歌引发了人们对早期美洲殖民地的憧憬。这些作品包括新英格兰的亨利·沃兹沃斯·朗费罗的《迈尔斯·斯坦迪什的求婚》、纳撒尼尔·霍桑的《红字》和《七个尖角的阁楼》、托马斯·坎贝尔歌颂宾夕法尼亚的《怀俄明州的格特鲁德》、威廉·梅克比斯·萨克雷的《亨利·埃斯蒙德》和《弗吉尼亚人》、丹尼尔·笛福反映殖民地生活的《杰克上校》和《摩尔·弗兰德斯》、詹姆斯·费尼莫尔·库珀和托马斯·梅恩·里德描述英格兰人与印第安人浪漫故事的小说、约翰·史密斯的名著《弗吉尼亚、新英格兰和夏日小岛的历史》（这部小说在情节铺陈中将殖民地的现实生活娓娓道来，亦真亦幻），以及《清教徒》和《威廉·佩恩传》等。这些文学作品通过地域与种族优势、文学艺术的魅力等展现了美洲的民族形成史。

美洲殖民史发端于约翰·卡伯特对大西洋沿岸的调查。汉弗莱·吉

纳撒尼尔·霍桑
（1804—1864）

托马斯·坎贝尔
（1777—1844）

威廉·梅克比斯·萨克雷
（1811—1863）

丹尼尔·笛福
（1660—1731）

尔伯特、马丁·弗罗比舍和亨利·哈德逊代表了英格兰的探险远航。汉弗莱·吉尔伯特在纽芬兰渔场建立了殖民地，南下抵达了辽阔的弗吉尼亚，完成了沃尔特·雷利未竟的事业。伊丽莎白一世驾崩三年后，英格兰殖民者为了永享殖民硕果，建立了伦敦公司和普利茅斯公司。伦敦公司肇始于一次冒险活动。1607年，被送到切萨皮克湾的一百四十三名移民在詹姆斯镇创立了首个殖民中心。后来，由于物资匮乏，詹姆斯小镇险遭遗弃。弗朗西斯·培根与另外一些人非常关注殖民活动，他在后期作品《论殖民地》中提到了后续来到美洲的五百多名移民。不幸的是，由于供给短缺，加上大多数移民都是暴徒，殖民地的管理非常混乱。第三代特拉华男爵托马斯·韦斯特曾派兵前往殖民地，将全体移民迁到了纽芬兰，建立了新的殖民地。殖民者强迫劳动者耕作，并通过巩固军事

詹姆斯镇教堂遗址

# 第4章 美洲殖民地：发展与独立

抵御印第安人。早期的殖民斗争总是与约翰·史密斯等在殖民史中发挥了很大作用的名字相联系，就像威廉·梅克比斯·萨克雷少年时代的回忆那样。

如同一枚钉子可以加固木板，詹姆斯镇是英格兰移民在美洲大陆的发展中心。理查德·哈克卢特曾说，殖民的另一个动机是寻求避难所。修道院或托钵僧团得到皇家许可，远航美洲。他们不受殖民者侵扰，其后代推崇的"英格兰清教徒"和躲避到荷兰的难民不得不寻求他们的庇护。1620年11月，一百零二位移民在约翰·史密斯命名的普利茅斯登陆。他们饥寒交迫，以贝类为食。1627年，事情发生了转机，这些移民购买了普利茅斯公司的全部股份，并在六年内还清了借款。二十三年后，普利茅斯移民人口达到三千人。1629年，新公司拓展了马萨诸塞殖民地，最终吞并了原来的普利茅斯公司。绝不能将马萨诸塞殖民地的清教徒与

英格兰移民在普利茅斯登陆

普利茅斯的清教徒相混淆。马萨诸塞殖民地的清教徒多为地位显赫的绅士,赢得了英格兰统治者的支持,而普利茅斯的清教徒一贫如洗、目不识丁,是真正的独立派。继马萨诸塞殖民地后,康涅狄格殖民地、罗得岛殖民地、缅因殖民地相继建立。

人类通过改造、利用大自然繁衍生息。移民潮促进了美洲殖民地的发展。美洲移民包括受到英格兰各公司资助的人、受到政治迫害或宗教压迫的人、因行为不端被政府驱逐的人和被视为奴隶或私人财产的非洲人。

马里兰的法律非常宽容,为受到政治迫害或宗教压迫的天主教徒提供了避难所。贵格会信徒涌向了新泽西,基于自由主义原则建立了宾夕法尼亚殖民地。弗吉尼亚非常排斥异教,于是,依法创立了英国国教,

贵格会信徒在英国受到宗教迫害

吸引了很多骑士和教徒。长老会和独立派教徒集聚在新英格兰。此外,宗教镇压依然存在。譬如1704年,除了波士顿,纽约以东没有一个英国国教徒。17世纪后,殖民者对待宗教的态度越来越宽容。

## 第1节 1765年的殖民地

1765年,美洲独立运动开始。根据地域与居民特点,美洲的十三个殖民地划分如下:

一、新英格兰殖民地由马萨诸塞、康涅狄格、罗得岛和新罕布什尔组成。殖民地的清教徒种植玉米,从事林业、渔业、造船和航海业,并与印第安人交易动物毛皮,深受殖民地政府和当地人的欢迎。清教徒的基本人权得到了保护,从而使新英格兰成为科学文化中心,并诞生了乔纳森·爱德华兹、丹尼尔·韦伯斯特、华盛顿·欧文、纳撒尼尔·霍桑、亨利·沃兹沃斯·朗费罗、爱德华·钱宁、拉尔夫·瓦尔多·爱默生、约翰·洛斯罗普·莫特利、乔治·班克罗夫特、奥利弗·温德尔·霍姆斯和詹姆斯·拉塞尔·洛厄尔这些名人。

二、南部殖民地包括弗吉尼亚、马里兰、北卡罗来纳、南卡罗来纳、佐治亚均划分自原弗吉尼亚殖民地,位于切萨皮克湾和佛罗里达之间。这些殖民地的贵族信仰英国国教,长期种植烟草,从而形成了两大阶层,即白人种植园主和黑人奴隶。南部殖民地培养出了乔治·华盛顿、托马斯·杰斐逊和帕特里克·亨利等独立战争中的领袖人物。

三、中部殖民地由纽约、新泽西、宾夕法尼亚和特拉华构成。其中,纽约原属荷兰殖民地,特拉华曾由瑞典殖民地管辖。这些殖民地不受任何宗教或社会组织的影响,接纳来自世界各地的移民。其中,三千名移民是来自贵族领地的神圣罗马帝国新教徒、法兰西胡格诺派教徒、荷兰加尔文主义者,以及瑞典人和威尔士人。中部殖民地在农业与矿业方面

华盛顿·欧文
（1783—1859）

丹尼尔·韦伯斯特
（1782—1852）

乔治·华盛顿（1732—1799）

托马斯·杰斐逊（1743—1826）

与新英格兰殖民地相似,但不同于南部的弗吉尼亚殖民地,在独立战争中并没有起到推波助澜的作用,这令乔治·华盛顿倍感失望。出生在波士顿,在费城长大的本杰明·富兰克林在很大程度上救赎了中部殖民地,他与出生在西印度群岛、在纽约长大的亚历山大·汉密尔顿都为美国的独立做出了巨大贡献。

## 第 2 节 法属殖民地

随着时间的流逝,法兰西逐渐掌控了英属北美殖民地以北及以南地区。1609 年,詹姆斯镇建成两年后,让-巴普蒂斯特·柯尔贝尔筹建了魁北克殖民地,法属殖民地开始发展起来。1748 年,《亚琛和约》

让-巴普蒂斯特·柯尔贝尔(1619—1683)

## 第4章 美洲殖民地：发展与独立

签订后，法属殖民地不断发展，并通过波旁岛、毛里求斯岛和西印度群岛，源源不断地向欧洲供应糖和咖啡。路易斯安那越来越欣欣向荣。然而，美洲的法属殖民地远不及英属殖民地兴旺发达。1740年，英属殖民地的人口近一百万，但加拿大和路易斯安那的人口却不到五万。法属殖民地的优势在于其优越的地理位置和政府的统一领导，尤其令人羡慕的是法兰西人与印第安人和睦相处的关系。赫尔曼·梅里韦尔曾说道："欧洲人无法接受野蛮人的习俗和生活方式，但法兰西商贾和猎户能与落后的印第安人通婚，并沿美洲大陆的两条河流繁衍生息。无论在溪流发源地，还是穷乡僻壤，旅行者都会发现法兰西人的后裔与印第安人群情欢洽，并接受了印第安人的社会习俗与节日礼节。这一点明显有别于英属殖民地。"然而，法兰西移民并不支持法兰西殖民者，一些人甚至投奔了英属殖民地。法属殖民地的殖民活动每况愈下，英属殖民地的地位却如日中天。由于七年战争的爆发，阿卡迪亚和俄亥俄山谷的边界问题被暂时搁置。法兰西在《乌得勒支和约》中被迫放弃了阿卡迪亚。法属殖民地逐渐消失殆尽。最后，法兰西人将路易斯安那转让给了西班牙，因为这块孤立无援的殖民地已经对法兰西没有任何用处。

为了继续赚取渔业利益，法兰西在《乌得勒支和约》中保留了北美的密克隆岛和纽芬兰海岸的圣皮埃尔。西班牙未能充分开发佛罗里达，荷兰侵吞了瑞典人的特拉华殖民地。在彼得·施托伊弗桑特总督的领导下，新阿姆斯特丹的荷兰殖民地虽然人口混杂，但社会和谐融洽，当地人们的生活越来越好。由于瓦隆人和胡格诺派教徒众多，政府的许多公函都以法语与荷兰语的形式发行。据说，这块殖民地上的居民通用十八种语言。1674年，英格兰吞并了新阿姆斯特丹，华盛顿·欧文的《纽约外史》经常提到这个西部的商业中心。1674年后，殖民历史舞台上只剩下英格兰与法兰西。

## 第 3 节 殖民地政府

英属殖民地政府的机构设置与英格兰本土别无二致,均基于代表制,并且重视税收。总督享有权威,国王与议会的权力也得以体现。经过特定修改,英格兰普通法在殖民地发挥作用。除了国王与议会,权威的管理层包括总督、委员会和代表大会。王室、公司或国内享有特许令的名流都可以获得总督提名。1619 年,弗吉尼亚设立了由十一个教区代表组成的议会。直到 1700 年,各殖民地一直被剑拔弩张的紧张气氛笼罩,甚至演变成了政府官员之间、官员与领主或与王室之间的唇枪舌剑。这些斗争乏善可陈,几乎是英格兰政治在各殖民地的缩影。第七章将详述英美贸易中司空见惯的人为限制。英格兰向美洲殖民地供应商品,同时为美洲的产品提供销售市场。

弗吉尼亚议会开会的场景

第 4 章　美洲殖民地：发展与独立

## 第 4 节　独　立

美洲殖民地赢得独立的日子指日可待。很多人认为，殖民地虽然需要宗主国的庇护，但具有暂时性和易变性，必须面对因独立或重组产生的一系列问题，就像迦太基脱离提尔、锡拉库扎脱胎于雅典一样，以及殖民地如何与宗主国保持联系。

## 第 5 节　引发争执的诱因

美洲的独立堪称历史名篇。英格兰与其殖民地的代表基于自身立场，详述了争执的细节，并认为其直接诱因是赋税征敛。英格兰人生性敏感，他们认为 "有贼心的人必有贼行"。埃德蒙·伯克在英格兰下议院指出："殖民地与大英帝国感同身受，就像要求约翰·汉普登①预支二十先令一样。难道失去二十先令会使约翰·汉普登一贫如洗吗？当然不会。但据此原则，如果只支付十先令，他可能会卖身为奴。"

当时，美洲殖民地刚刚摆脱法兰西的控制。英格兰政府为了谋求利益，强行向殖民地征税。虽然埃德蒙·伯克对此持有异议，但英格兰议会只能与殖民地议会沟通协商，无法发号施令。英格兰曾帮助美洲对抗法兰西，殖民地难道不应该对英格兰心存感激吗？也许与国家利益相比，感恩并不算什么。条约史学家德·加登表示，即使法兰西曾援助过美洲，这种感恩之情也不能左右世界格局。美洲殖民地的背信弃义令许多英格兰人义愤填膺，最终导致了英格兰在政治上的失误。英格兰人普遍认为，殖民地议会不具有国家性质，而具有市政特征，更像自治公司，因此，殖民者必须纳税。如果强迫殖民者纳税，就会有悖于宪章，削弱

---

① 约翰·汉普登（John Hampden，约 1594—1643），英格兰政治家。在英格兰内战爆发前，他与英王查理一世对立。1637 年，他因拒绝缴纳船舶税而受审。——译者注

埃德蒙·伯克（1730—1797）

约翰·汉普登(1594—1643)

议会的权威，也有违孟德斯鸠法的精神。威廉·皮特支持殖民者，认为殖民议会是完全意义上的议会，而国王是英格兰的权威。虽然得到了王室的支持，但殖民地依然无法进入英格兰议会的视野。威廉·皮特称："很高兴美洲拒绝纳税。"埃德蒙·伯克认为，殖民者已经足够强大，应该拒绝纳税。行使这一实权是一种权宜之计。如果有人自愿纳税，也可以按照原来的标准征收税款。这位英格兰政客中最富有哲学头脑的人背弃了哲学，审时度势，提出了权宜之计。伟大的曼斯菲尔德勋爵威廉·默里坚决维护议会至高无上的地位，塞缪尔·约翰逊用《税收并非暴政》一文以示声援。

曼斯菲尔德勋爵威廉·默里（1705—1793）

第 4 章　美洲殖民地：发展与独立

## 第 6 节　冲　突

这场冲突的关键事件是，美洲的九个殖民地组成了国会，呼吁废除 1765 年的《印花税法案》，并主张单独保留茶税。1773 年，波士顿倾茶事件引发了骚乱。弗吉尼亚议员建议召开第一届大陆会议。同时，其他殖民地也承认了 1776 年 4 月的独立声明。美洲殖民地和英格兰争执不下，只能诉诸武力。然而，战况瞬息万变，乔治·华盛顿屡建奇功，如同当年的奥兰治的威廉。作为新兴国家的代表，本杰明·富兰克林积极倡导共和党的原则。英格兰政府雇佣了异族势力黑森雇佣兵[①]，导致

波士顿人在阅读《印花税法案》

---

① 从不伦瑞克公爵（Duke of Brunswick）处雇佣四千名，从卡塞勒的伯爵（Lahagrave of Cassel）处雇佣一万二千名，从海塞卡塞勒（Hesse Vassel）处雇佣六百零八名。美国宣布独立，部分原因在于可寻求国外援助：法兰西免费借钱，还让荷兰担保贷款。——原注

登陆美洲的黑森雇佣兵

法兰西与西班牙海军动用了六十六艘战列舰,干扰了英军通信削弱了其实力。在某种程度上,法兰西与西班牙的干预反而弱化了英格兰与美国之间的敌意。基于"兄弟阋于墙,外御其侮"的原则,威廉·皮特竭力主张暂时搁置独立一事。但本杰明·富兰克林与法兰西结盟不久后,威廉·皮特去世。新仇旧恨不断蔓延,英格兰急于应付大陆上的敌人,忽略了美洲殖民者。战争的创伤逐渐掩盖了约克镇的投降之辱,英军列队向法兰西正规海军行礼,却对美国民兵熟视无睹。

第 4 章　美洲殖民地：发展与独立

## 第 7 节　反　思

以美洲的独立史为鉴，我们应该有以下反思：

一、英格兰虽然面临内忧外患的窘境，但七年来一直坚持己见。虽然也想过放弃美洲殖民地，但考虑到加拿大殖民地的情况，最后还是选择了坚持。

二、事实上，英格兰内部并不团结。殖民地初期的新兴国家只是徒有其表。乔治·华盛顿领导的国会没有实权，只有几个自愿加盟的成员州苟安现状。在中部殖民地的宾夕法尼亚和纽约，商贸事务远多于政治活动。还有一些忠于英格兰的移民对独立运动表示不满，战后迁到了英属加拿大。美洲殖民地的民兵制也不适合持久战。每逢年底，许多民兵都会弃武为农或弃戎从商。如果没有法兰西的介入，双方都会疲于应战，甚至拖延战事。

三、虽然美洲殖民者居心叵测，但英格兰政府依然非常宽容。德·加登说："毫无疑问，美洲只是想摆脱牵绊，并不想追求至高无上的权力和自由。如果法兰西从加拿大撤军，西班牙远离佛罗里达，英格兰的殖民统治就会令人无法忍受。"作为原则性政策，英格兰本来想增加税收，却饱受质疑。英格兰动用了神圣罗马帝国的雇佣军，美国得到了法兰西的支持。这本来是一场内战，政治原则也不应该掺杂任何个人情感。如果依据"崇高的"政治理论，曼斯菲尔德勋爵威廉·默里、塞缪尔·约翰逊、乔治·格伦维尔和北方战线就应该属于正义方。只要殖民地的地方议会得到英格兰的认可，或各地代表参与英格兰议会，英格兰的宪法精神就会深入人心，殖民地议会也迟早能够掌握话语权。

四、英格兰的损失得到了补偿。美洲殖民地脱离英格兰的政治体制时，正是亚当·斯密厘正垄断贸易体制的时候。因此，德·加登总结了美国当时的社会情况：

乔治·格伦维尔（1712—1770）

德·加登（1723—1790）

第一，新兴国家民殷国富，贸易得以繁荣；

第二，美国农业的发展使制造业需求激增；

第三，根据《凡尔赛条约》的明文规定，英格兰夺取了荷兰在东方的垄断市场，荷兰人却对此束手无策。

# 第 5 章

英属印度殖民地

1600年年底，英格兰效仿荷兰，在印度半岛海岸组建了商业机构，并授命某商贸公司在东印度群岛开展贸易活动。该公司的贸易章程涉及律法、贸易垄断和国际关系等，与汉弗莱·吉尔伯特的《纽芬兰宪章》内容相近。各欧洲工厂纷纷签约，试图瓜分印度半岛。然而，令所有人没有想到的是，拥有三万英镑资产的英格兰公司凭借胡椒和香料生意，彻底打败了长久统治果阿的葡萄牙和拥有众多殖民地的荷兰。英格兰公司在威廉堡、乔治堡和孟买逐渐站稳了脚跟，最终获得了印度半岛的统治权。只有充分了解印度的地理环境、历史和民族学，才能读懂英格兰征服印度的复杂故事。这一章将对一些重要历史节点展开论述，希望为主修现代历史的学生提供史实依据。

## 第 1 节 印度的起源

"印度"一词既不是种族术语，也不是国家表征，而是起源于喜马拉雅山脉到科摩林角的印度半岛栖息地的地理名词。印度人口约二亿八千万，民族众多，各民族关系盘根错节，其内部差异远胜于普鲁士人

威廉堡

乔治堡

与英格兰人、西班牙人与意大利人之间的差异。现在，印度人使用的语言仍然有一百多种，其中二十多种语言体系完善。印度人大致可以分为四类：第一类，原住民，生活在丘陵、林区及散居各地的印度贱民；第二类，众多讲泰米尔语、泰卢固语和同源语的非雅利安后裔；第三类，早期涌入恒河流域和印度河谷的雅利安人；第四类，后来迁入并信仰伊斯兰教的雅利安人，其中包括波斯人和阿富汗人。臣服者往往会皈依征服者的宗教信仰，使用宗主国的语言，但宗教和语言都不是区分种族的唯一标准。数世纪以来，这些种族一脉相承，拥有两亿信众的印度教或婆罗门教[①]盘踞要津印度教渗透印度人生活的方方面面，指导他们思考。随着时间的流逝，种族差异日趋模糊，各种族之间的关系也愈加亲密。

## 第2节　英格兰在印度的统治

第一阶段，1612年到1746年，工厂建立阶段，英格兰与欧洲其他国家一样，主要在印度半岛进行贸易活动。

第二阶段，1746年到1759年，与法兰西王国争夺位于印度东南部卡纳蒂克地区的最高统治权。

在托马斯·巴宾顿·麦考利描述罗伯特·克莱夫战绩的文章中，法兰西王国征服印度的勃勃野心暴露无遗。维克托·迪吕伊描述的法兰西史也体现了当代法兰西人对这段历史的反思。贝特朗-弗朗索瓦·马埃·德·布尔多奈和约瑟夫·弗朗索瓦·迪普莱并肩作战，为法兰西王国赢得了印度半岛的统治权。贝特朗-弗朗索瓦·马埃·德·布尔多奈在南印度洋所向披靡，毛里求斯岛一度欣欣向荣，波旁王朝也曾显赫一

---

[①]　印度各地在礼仪、风俗、情感及好恶等方面的差别并不是很大。如果想亲眼证实这种现象，可以去贝拿勒斯、喜马拉雅山附近的赫尔德瓦尔及最南端的拉梅斯法兰，这些地方体现了印度教强大的生命力。来自尼泊尔的廓尔喀人、旁遮普的酋长、南部讲泰卢固语和泰米尔语的部落都信奉同样的宗教，拥有同样的情感。（一封来自剑桥的婆罗门学生的书信，1891年4月）——原注

## 第 5 章　英属印度殖民地

托马斯·巴宾顿·麦考利（1800—1859）

时。约瑟夫·弗朗索瓦·迪普莱在印度大力发展商贸，开疆拓土，勾勒出将英格兰驱逐出印度半岛的宏伟蓝图，但由于他与贝特朗-弗朗索瓦·马埃·德·布尔多奈政见不一，最后两败俱伤。贝特朗-弗朗索瓦·马埃·德·布尔多奈被召回国，锒铛入狱。约瑟夫·弗朗索瓦·迪普莱领导的军队因供给不足、军心涣散[①]，输给了罗伯特·克莱夫的军队，他本人也惨死巴黎。英勇的爱尔兰人托马斯·亚瑟为法兰西王国效力。在与印度王公交战时，他的士兵因补给缺乏、军饷拖欠而拒绝从马德拉斯突围，于是，他率七百多人坚守在本地治里，与两万两千名英军对峙九个月，终因寡不敌众惨败。英军攻克本地治里后，将那里夷为平地。法

---

[①] 约瑟夫·弗朗索瓦·迪普莱曾抱怨这些士兵是"卑鄙的贱民"。——原注

兰西王国在印度的殖民统治遭到重创，已经无力回天。路易·勃朗曾质疑法兰西王国在印度的惨败，他想知道是法兰西人不战自败，还是贝特朗-弗朗索瓦·马埃·德·布尔多奈和约瑟夫·弗朗索瓦·迪普莱之间的内讧葬送了法属殖民地。在思考专制君主应该如何选才任贤的同时，也应该关注一下法兰西的悲惨殖民史。两位伟人为法兰西王国殚精竭虑，希望法兰西的殖民事业可以生生不息，但最后却蒙羞惨死。一百年后，无论法兰西王室成员还是平民，都未曾对当年的印度征服者约瑟夫·弗朗索瓦·迪普莱心怀感激。

路易·勃朗（1811—1882）

第三阶段，1751年到1767年，罗伯特·克莱夫时代，英国在卡纳蒂克建立公司并征服了孟加拉。

第四阶段，1772年到1785年，沃伦·黑斯廷斯时代，印度首任总督通过建立子公司增强了英属殖民地的实力。

第五阶段，1786年到1798年，查尔斯·康沃利斯勋爵改革时期，英国对印度内务采取不干涉政策。

第六阶段，1798年到1828年，亨利·韦尔兹利勋爵和沃伦·黑斯廷斯时代，英国恢复了印度的子公司，扩大了势力范围。

第七阶段，1828年到1848年，威廉·本廷克勋爵时代，英国推行社会经济改革。

第八阶段，1848年到1857年，达尔豪西侯爵詹姆斯·布龙-拉姆齐时代，英国进行扩张兼并与产业革新。

第九阶段，殖民地叛乱时期。统治印度的实体机构东印度公司发端于远航贸易公司，享有英格兰王室宪章赋予的各种贸易特权。1642年，东印度公司可以采用民法和军事手段管制雇工；1664年，该公司向非基督教国家发起战争，并自建军队与法院，军队长官由英格兰国王任命；1784年，威廉·皮特提出《印度法案》，并建立了管理委员会，在政务及领土方面协助英王掌控东印度公司。管理委员会主席必须由内阁成员担任，1857年，东印度公司被取缔。1858年，英国全权授命国务大臣负责管理印度殖民地，管理委员会被废除。

第十阶段，1858年到1886年之后，英国明确划分了印度半岛的西北疆界，并吞并了东部的缅甸联邦。

第十一阶段，1886年，英国将重心转移到了产业发展与社会发展方面。

约翰·罗伯特·西利教授根据《东印度公司规章》的修订日期，清晰地将英国殖民史划分为以下几个阶段：1773年，设立总督和最高法院；

罗伯特·克莱夫
（1725—1774）

沃伦·黑斯廷斯
（1732—1818）

查尔斯·康沃利斯
（1738—1805）

威廉·本廷克
（1768—1854）

1793年，建立孟加拉殖民地，宣布印度不得英国化或基督化；1813年，印度逐渐开放，贸易垄断式微；1833年，托马斯·巴宾顿·麦考利在印度殖民地政府任职，制定了劳工法，贸易垄断土崩瓦解；1853年，推行公务员法案；1857年，暴乱终结了动荡不安的时代。

人类思想是推动世界发展的重要力量。英国单枪匹马，以寡敌众，最终"征服"了印度，堪比亨利·马丁①经历的十八个月的磨难。英国打败法兰西和美国，拓建了殖民地，成为全球制造业的贸易强国。马哈茂德统治的伽色尼王国毗邻印度，埃米尔·帖木儿的野心也仅限于统辖

埃米尔·帖木儿（1336—1405）

---

① 亨利·马丁（Henry Martyn, 1781—1812），英国著名的国教牧师，曾前往印度、波斯传教。——译者注

其庞大的部落。但欧洲文明不论在地理位置还是人口数量上都更具优势。回顾历史，英国在印度的权威统治史无前例。

## 第 3 节 统治基础

英国对印度的影响意义非凡。主修历史及政治的学生不应该使用教条主义的方法理解其意义，而是要明确解决问题的方向。

一、英国在印度享有什么特权？

英国在印度并不享有什么特权。印度并非一个人烟稀少的蛮荒之地，若非权力驱使，英国早已开始争夺印度的管辖权，对其进行文明教化。在英国的统治下，新西兰人口由七万五千人发展至六十万人，人民安居乐业。如果不是为了本国人民，英国没有理由殖民印度。印度虽然被所谓的"文明"统治，但依然具备自我管理能力，文明程度远胜新西兰。现在，占总人数八分之一的六十万印度人能够自给自足，安居乐业。因此，"英国侵占印度"的说法并不正确。印度是英国的"属地"①，更确切地说是附属国。与以色列攻克迦南、诺曼人侵袭英格兰截然不同的是，印度的城市、乡村及土地所有权并没有因英格兰人的入侵发生变化。英国的公司和个人通过购买获得印度土地，如阿萨姆邦和锡兰。当然，孟加拉殖民地的拓殖活动并不成功。一百年前，殖民地政府向富足的吠舍和税务官员征税，但税款本该由土地所有者承担。孟加拉殖民地的一千二百万佃农每年向吠舍缴纳一千三百万英镑租金，殖民地政府从中获益五百六十万英镑。这种做法合情合理。印度旧制下的殖民地政府、吠舍和佃农之间的关系错综复杂。

---

① 撤销东印度公司表明英印关系的转变。1813 年，英国人威廉·威尔伯福斯指出："印度人不仅是我们的同胞，还是我们的'雇工'。"显然，只有通过东印度公司，英国才能拥有印度。——原注

需要重申的是,作为征服者的英国从未在印度享有任何特权。与西班牙占领墨西哥不同的是,英国从未以征服者的姿态统辖印度,印度人也从未缴纳贡品俯首称臣。英国并没有唯利是图或强人所难,而是以公平正义的名义担负起了统治世界的责任,是印度史无前例的统治者[①]。世界对这段历史做出了公正评判。英国对自己的评价绝不是一己之见,而是有例为证。上任奥地利驻巴黎和罗马大使约瑟夫·亚历山大·胡布纳伯爵曾在1886年的著作《穿越大英帝国》中总结了英国对印度的影响,具体如下:

约瑟夫·亚历山大·胡布纳(1811—1892)

---

① 印度土著人也认为,由于气候等原因,英国人不能像诺曼人入侵英格兰那样,彻底统治印度,并认为英国的"统治"完全是出于对"财富"的考量。——原注

## 第5章 英属印度殖民地

不可否认，英属印度在历史长河中创造了独一无二的奇迹，包括合理的税收政策、繁荣的经济、良好的治安、安定的社会环境，以及蔚然成风的道德风尚和渐入人心的法律意识等。产生奇迹的原因，有雄才大略的政治家高瞻远瞩、训练有素的军队英勇善战，以及才智无双的行政官员的赤胆忠心。

杰出的德意志国际法学家弗里德里希·亨利希·格夫肯在1889年出版的《英国》一书中指出：

如果英国放弃对印度的统治，印度无疑将再次陷入无政府的混乱状态。

英国对印度的高效治理亘古未有，而且非常成功。

虽然罗伯特·克莱夫和沃伦·黑斯廷斯的做法不可原谅，但19世纪伊始，英国对印度有效的管理就连印度人也始料未及。

前文已经提到，印度并没有向英国纳贡称臣。然而，仍然有一些人持有异议，并以达达拜·瑙罗吉在1887年的《散文·演说·演讲》中的观点为论据，但这都不足以说明英国从印度殖民地获得了利益。英国曾天真甚至愚蠢地以为，英印双方互惠互利，毫无利益纠葛。如果英国巧取豪夺，就会付出应有的代价。英国政府从未向印度各省征税，即使征税也是受了蒙蔽。诚然，英属殖民地年收入可观，但印度也从中获益良多。印度的英国军人与政府官员的薪资大多用于国内的家庭开支，如孩子的教育费用等。在热带国家服役的英国军人退役后，可以享有退休金，但印度的现役军人只享有高额雇佣金，退休金非常微薄。英国在印度建设铁路和公共设施的利润被资本家剥夺，在曾经的峥嵘岁月里斩获的也只是"战利品"，而不是"掠夺物"。现在，印度殖民地的第一要务是发展经济，主要形式有借贷收益、服务薪金和贸易利润。约翰·布赖特曾提议："英国应基于'分一杯羹'的原则统治印度。"

二、用武力夺取并维持其政权是否合理？

约翰·罗伯特·西利教授颇具真知灼见，认为英国是一个尚德而非尚武的国家。印度人和欧洲人曾在阿尔果德保卫战、普拉西战役和勒克瑙战役中一起保家卫国。因此，并不是英军征服了印度，而是英国管理着印度。印度兵加入英军效力，印度的王公贵族联手英国抵御当权者，从中可以看出印度内部并不团结。沃蒂根①召集海盗对抗同胞的叛国行为遭到了万民唾弃。撒克逊人和诺曼人利用海盗相互制衡，并没有什么不对的地方。但如果撒克逊人召集撒拉逊人，诺曼人联合鞑靼人，这种做法就相当于入侵。同理，印度贵族依仗英法势力为虎作伥，受到千夫所指。在动荡时期，锡克教徒高喊"德里是被莫卧儿人诅咒的城市"，但伊斯兰教徒不以为然。印度统治者沦为约瑟夫·弗朗索瓦·迪普莱、罗伯特·克莱夫和沃伦·黑斯廷斯的政治棋子，丝毫没有愧疚之情。英国巧妙地利用利益联盟对印度进行管理。

在罗伯特·克莱夫时代，英国驻印人数约一万人，现在已经达到二十万人。1884年，印度兵人数达到十二万六千人，比欧洲兵多出一倍。欧洲军官领导十四万四千名印度警察完成了警卫与防卫任务。一旦英国和印度开战，即便还有备用军，英国也会出现兵力不足的情况。

约翰·罗伯特·西利教授对此解释道，英国无须通过演练展示兵力，因为敌方并不强大。如果印度与其邻国齐心抵御外侮，英国就不可能在印度获得至高无上的霸权。羊群南迁时，如果受到惊吓，可能会竞相北上，牧羊人对此也无能为力。印度民族并非众志成城，但英国的商业公司却领导有方、踌躇满志。以强胜弱不仅关系到军事力量抗衡，还存在道德与精神层面的较量，但如果双方都受益，就无可指摘。

---

① 沃蒂根（Vortigern）是活跃在 5 世纪的枭雄，曾统治英格兰南部及威尔士地区。——译者注

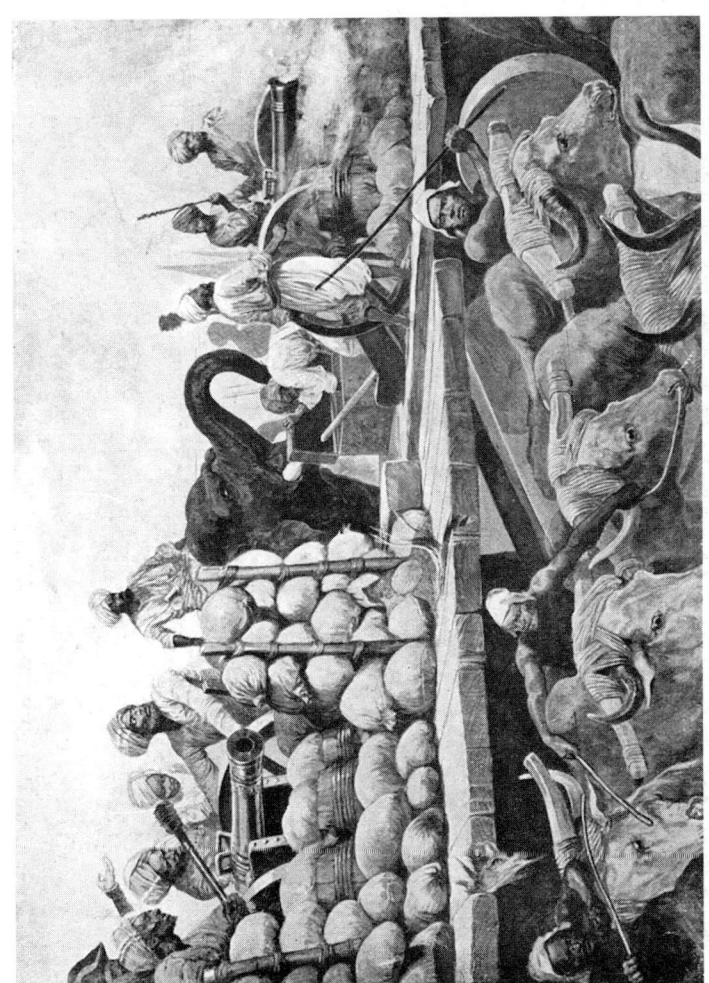

普拉西中的印度炮兵

米尔·贾法尔为罗伯特·克莱夫效力

勒克瑙战役中的英军指挥官与殖民地军队

三、并不是所有政府都能实现自治，但无能的本地政府远胜于高效的外国统治吗？

拜伦曾在诗中描绘了希腊在土耳其的统治如何日落西山：

> 倒满一杯萨摩斯美酒！
> 最好别再想这些问题！
> 阿克那里翁的妙曲清讴
> 也曾借助醇酒的神力，
> 侍奉霸君波利克拉特斯；
> 那时的君主还是希腊人。[①]

英国不愿与波斯、苏格兰和西班牙为伍，非常同情马拉松的希腊人、班诺克本的罗伯特·布鲁斯、荷兰的威廉一世。如果需要重申立场，英国人一定会将珍爱的诗歌束之高阁，重读史书。

首先，需要对"从属"和"教化"加以区分。如前所述，英国统治印度的目的在于文明教化，但目前的情况却与这一目的大相径庭。波斯为了一己私利征服了希腊，西班牙永久钳制荷兰。波斯和西班牙是否具备教化希腊人和荷兰人的能力，值得英国深思。

其次，印度一直是一个群雄逐鹿的地方。征服者络绎不绝，各民族混居在一起，自治政府从未发挥过作用。政权的更迭、王朝的兴衰都令普通民众叫苦不迭。但英国并没有盘剥印度民众或实施暴政，只是推翻了无能的印度政府，最终迎来了印度殖民地的长盛不衰。

统治时间的长短只是一个相对概念。一千年对中国历史学家来说不算太久，但对印度来说，实行一千年暴政就需要另当别论。当暴政成为强弩之末、民族独立条件成熟时，印度人民重获自由，新的民族

---

① 节选自拜伦的《哀希腊》。——译者注

# 第 5 章 英属印度殖民地

荷兰的威廉一世（1772—1843）

也应运而生。英国最终赢得了在印度的辖制权，并且没有依靠剑与盾或枪与炮，而是依赖人类的思想与智慧。在印度民族的发展史中，每当印度面临新的冲突，英国都会义无反顾地担负起教化重任，教导印度人维护自身、反对暴政。

再次，英国曾尝试将印度民族纳入国民范围。虽然印度人无法享有最高治理权，但印度仍然是英联邦最主要的成员，而且随着政权的巩固，印度注定会走向自治，实现民族独立。印度人、毛利人和英国约克郡人同气连枝，这种观点需要不断强化。

四、宪法的推进属于内部事务,而不是外交手段。因此,虽然印度没有宪法,但民众具备自治能力,各项规定也代表了人民的心声。英国作为立宪政府的先驱和楷模,是否与之一拍即合或为此骄傲?

无论如何,虽然印度还没有制定宪法、建立议会与代表大会,但印度民众的自由从未被剥夺。这一切也不能归咎于英国,因为印度的现实情况并不理想,能够筹建的机构也只有乡委会。即使是约翰·洛克,也无法断言为英属殖民地南卡罗来纳奉献一生的人是谁。法兰西革命理论家对宪法改良束手无策,但英国宪法已经经历了数次修正,逐渐完善,惠及社会各个阶层。那些盲目乐观的教条主义者试图将英国宪法生搬硬套至印度。约翰·斯图亚特·米尔的《代议制政府》客观描述了政治家如何维持英国在印度的统治,并警告他国不得寻衅滋事。虽然印度没有

约翰·洛克(1632—1704)

## 第 5 章　英属印度殖民地

约翰·斯图亚特·米尔（1806—1873）与卖苹果的妇女

立宪，但由于英国治理有方，印度的政府组织也显得井然有序。东方暴君是否会为大众谋福祉尚不可知，其专制统治与印度总督查尔斯·康沃利斯勋爵、亨利·韦尔兹利勋爵、旁遮普的达尔豪西侯爵詹姆斯·布龙-拉姆齐，以及亨利·劳伦斯的管理方式截然不同。与武断专横、心胸狭隘的统治者相比，达尔豪西侯爵詹姆斯·布龙-拉姆齐公正开明。他反对皇权，并联络印度诸邦，夺取了亨利·劳伦斯在旁遮普的统治权。他建立的机构运行良好，许多组织都无法取而代之。虽然无法在印度建立民主政府，但暴君可以被感化为体恤民情的君主。杰出的农学家詹姆斯·凯尔德呼吁各省进行自治，招募农场主、管理人员以建立相关机构[①]。最终，荷兰采用了这种管理方式，并对其殖民地进行有效管理。

---

① 1883 年，詹姆斯·凯尔德为印度子民做了《印度：国土与人民》的报告。——原注

五、欧洲统治亚洲难道不算入侵？存在了数世纪的种族差异会使真心实意变成虚情假意，甚至两败俱伤。

种族差异终将被消解，因为种族融合是大势所趋。通过对种族差异的分析，学者们发现人类的天性是适应教育，教育是其赖以生存的根基。学校是培养人才的教育机构，应该因材施教，而不是将学生一概而论。亚洲人更容易教化，但许多文明国家，如葡萄牙、荷兰、法兰西王国和英国的冒险家与商人显得冥顽不化。各种族虽然千差万别，但本质上一样，只有依靠教育才能为其提供深根固柢。长久以来，印度人精神萎靡，体能下降，逐渐变得不堪一击。因此，现在只能放任其自治，然后留待后世评判。

暴政使独裁者与人民两败俱伤，并遭到民众的唾弃。显然，英国对印度并没有进行独裁统治。在诗人眼中，暴君才是真正值得同情的一方。统治者往往得益于良好的自我教育，治理有方。约翰·斯图亚特·米尔的文章、弗里德里希·马克斯·穆勒的演讲和亨利·梅因的著作，都回答了究竟应该对印度进行独裁还是实施教化这一问题，并详述了英国对印度的影响。英国人应该卸下重任，唤醒良知，博得其他民族的同情，为欧亚各民族的统一未雨绸缪。

六、印度人难道没有觉察到外界的偏见？这种偏见是否合理？

这个问题的答案是肯定的。约翰·斯图亚特·米尔的《代议制政府》极力倡导自由主义。一个信仰伊斯兰教的印度学生对书中言辞激烈或存在疑问的地方做了点评："那又怎么样呢？""为什么不将其推广到印度呢？"从中可以看出英国人在印度并不受欢迎，反对的声音主要来自被驱逐的印度王室，而不是普通民众。印度政府不太重视的拜火教徒也属于殖民阶层，其政治地位低于萨福克劳工和爱尔兰农夫。孟加拉农民在政府中没有话语权，他们似乎恐惧权力。诚然，说泰米尔语的印度人任劳任怨。虽然斯图亚特王室和波旁王朝背叛了盟约，最后一败涂地，

弗里德里希·马克斯·穆勒（1823—1900）

亨利·梅因
（1822—1888）

但依然无法阻止伊斯兰贵族武力夺权的步伐。英国统治印度的初衷是实现社会经济繁荣和人们生活幸福,政权更迭有违英国的本意。来自加尔各答、马德拉斯、孟买、拉合尔和阿拉哈巴德的政府官员殚精竭虑,竭力推行政务改革,但并未将其付诸言语或文字。弗里德里希·亨利希·格夫肯曾说:"印度人对英国的公正律法深信不疑、亦步亦趋。"如果将印度元素纳入现行的政治司法体系,虽然无损于英国,但会令印度的管理者为难。

七、英国的殖民史难道没有污点?

毋庸置疑,许多寡廉鲜耻、瞒心昧己的行为已经印刻在了印度殖民史中。历史学家们纷纷谴责罗伯特·克莱夫和沃伦·黑斯廷斯时代的殖民行径,这不仅源于其他民族对英国的嫉妒,也源于人们对这段殖民史的鄙夷不屑。殖民者在英国当局的支持下,打着东印度公司的

马德拉斯一隅

旗号鲸吞蚕食，其略地侵城的行为被记录了下来。譬如，达尔豪西侯爵詹姆斯·布龙-拉姆齐不允许印度统治者在没有直接继承人的情况下，建立半独立政权，也不允许统治者以印度教的方式收养继承人。因此，他只是依计划行事，丝毫不考虑印度人的想法，也不关心计划是否公平或结果是否达到了预期。东印度公司的董事长曾描述道："毫无疑问，1843年，托沙公司的兼并是一次痛苦的经历。"印度原住民遭到英裔印度人无情的剥削和打压，莫名的人际疏离阻碍了英印亲密关系的建立。1883年年底，詹姆斯·凯尔德指出："虽然历经了六百年的殖民统治，但英国与印度之间仍然互不信任，形同陌路。"客观来说，出现这种现象有两方面原因。第一，拥有五十年历史的东印度公司赋予了英国的殖民统治商业气息，印度殖民地的管理者往往唯利是图，东印度公司股份的减少阻挡了其财路。第二，英国采取同化方式解决东方人的问题，但由于与印度原住民之间的来往过于密切，其管理效率降低了。蒸汽机和电报的问世促使殖民地政府与当地政府进行了有效沟通，而且殖民地议会的设立、选民的产生和公共政策的制定都遵循英国原则。约翰·斯图亚特·米尔认为，东印度公司的取缔无疑会促进英印关系的良性发展，虽然印度史上的许多英国政治家声名狼藉，但威廉·本廷克、芒斯图亚特·埃尔芬斯通、托马斯·巴宾顿·麦考利、亨利·劳伦斯、罗伯特·霍巴特和理查德·伯克等品德高尚的伟人仍令英国人的民族自豪感油然而生。

## 第4节 成果概述

反思19世纪末英国统治下的印度，社会各方面的具体情况如下：

一、公共安全。英国强权对印度的影响与古典时期罗马对环地中海

理查德·伯克（1777—1855）

地区的影响相同。印度西北地区<sup>①</sup>的王朝更迭及葡萄牙、荷兰和法兰西等国的海上入侵戛然而止，只有建立新的政权才能使其他虎视眈眈的入侵者偃旗息鼓。对俄国的恐惧成为战争的导火索。印度殖民地对外和平共处，对内维持稳定。

二、人身自由与生命保障。除了中国和日本，东方人从未听说过这些权力。社会个体根据国家习俗与家族传统懋迁有无，积功兴业。

---

① 目前存在的分歧是：何为前哨？前哨最初指以山脉为屏障的保护壁垒，但这种说法尚待考证。前哨的作用非常重要，如奎达和坎达哈尔地区，可以保护很多地方。即使因害怕俄国而向印度殖民政府每年多拨三百万英镑，但此事也不值得夸大。弗里德里希·亨利希·格夫肯博士强烈建议继续沿用前哨。——原注

三、财产安全。社会个体可以根据日常习俗、季节交替等依靠商业运作收获劳动成果。

公共安全、财产安全、人身自由和生命保障为印度社会注入了新的活力,就像建筑师添砖加瓦重建教堂一样。

四、依靠英国的资金和科技兴建产业、发展贸易。约翰·布赖特和亨利·福西特非常同情印度,竭尽全力为其奔走。英国对印度的援助比比皆是。印度年工业产量仅为英国的二十分之一,但印度人却不愁温饱。在英国的资金支持下,印度人大力修建铁路,发展农业灌溉。政府贷款和个人储蓄都有助于印度工业的发展。英国官员、神职人员和商人

亨利·福西特(1833—1884)与米利森特

的遗孀都会得到分红，但他们没有意识到这与孟加拉和马德拉斯的农民有关。英国人在印度的投资超过两亿英镑。只要英国股东按照规定纳税，印度人就会获得巨大利润。此外，印度还建立了完善的产业机制[①]。威廉·亨特撰文表示："印度繁荣的商贸革命已经到来。印度拥有战时总督和治理总督，但现在需要商业总督处理一系列经济问题。"[②] 印度的出口量大幅增加，从 1879 年的约六千九百万卢比增至 1888 年的约九千八百万卢比。与此同时，印度的进口总额也大幅增长，从 1879 年的五千一百万卢比增至 1888 年的八千万卢比[③]。印度进行了农业和制造业改革，试图满足人口众多的城市需求。英国机器生产的货物流通到印度，致使本地产品一文不值。新兴铁路系统将粮食和原材料运出港，致使本地物价上涨，农产品一本万利。后来，印度的各城镇也开始使用机器进行生产，并通过铁路运输物美价廉的产品，获得了巨额利润。机器生产代替了手工制品，印度商品的艺术价值一落千丈。但对印度来说，这只是冰山一角，商业发展仍然大有前途。

五、欧洲的科学、文学和宗教。殖民初期，欧洲文明在印度经历了一段沉寂期。印度官员和英裔印度商人竭力使印度文明免受欧洲文明的侵扰。但这并不是出于商业目的，而是他们坚信任何改变都需要择机而行。世纪交迭之际，由于英国官员与商人缺乏宗教热情，加上印度的部分穷苦阶层胸无点墨，教育和教化也就无从谈起。不过，有部分英国人对印度哲学、诗歌和宗教非常感兴趣，掀起了研究印度文学的热潮。"梵

---

[①] 印度评论家称，英国人在印度产业中统筹资金、占据要职、掌控雇佣机会、坐享利润。这种反对的声音与英国国内提倡劳工权益的观点不谋而合。事实上，只有工党获得雄厚的资金支持，并拥有卓越的政治领袖，劳动者才能获得生产总值中的净回报。——原注

[②] 《皇家殖民地学会会刊》。——原注

[③] 卢比的价值有所浮动：如从 1879 年到 1889 年，羊毛布匹的进口量从七百万码增至一千一百万码；煤油的进口量从六百万加仑增长到三千八百万加仑；茶叶的出口量从三千八百万磅增加到了九千九百万磅；小麦的出口量从二百万英担增长到了一千七百万英担；黄麻织物的出口量从五百万码增长到了一千五百万码。——原注

## 第 5 章　英属印度殖民地

学描绘的新世界神秘莫测。作为婆罗门教徒,第一代英裔印度人被印度深奥的哲学和神奇的历史吸引,但西方基督徒从未涉猎这个充满魔力的东方世界。"①

1813 年,东印度公司章程的修订为废奴运动提供了契机。福音派教徒热情高涨,欲将积累的成功经验应用到东方。威廉·威尔伯福斯曾在写给朋友的信中说:"我一直期待东印度公司修订宪章,祈求上帝帮助基督徒实现愿望,即废除奴隶贸易,清洗英国的污点,并消除东印度群岛原住民的苦难,启迪、改造他们,不要让他们在最黑暗、最腐败的迷信体系中迷失自我。"这些话表达了人们坚定的信念。英裔印度人研究印度哲学与诗歌的同时,威廉·威尔伯福斯正在践行改革。殖民地下议院曾提议在宪章中增补"允许传教士在印度自由出入"的条款,正如威廉·威尔伯福斯说的那样:"后来听说,许多善良的人曾为此祈祷。"这一条款最终成为法律条文,基督教的传教士自此可以自由出入印度。

作为福音派的教徒,托马斯·巴宾顿·麦考利坚持用英语在印度普及教育,最后留名青史。英国政府资助部分学者在印度传播知识,由此展开文化渗透。1854 年年初,印度的大众教育开始普及,殖民地政府主要"向普通民众推广完善的基础教育"。高等教育需要人们支付费用。英国在印度实施的教育政策与国内基本一致。

传教士从未放弃任何传教机会。基督教长老会在印度成果斐然。有官方报道称:"任何数据都不足以体现传教士的贡献。不信仰基督教的人也认同传教士宣讲的道德价值观。这些教义体系不仅是纯粹的宗教问题,还在区分善恶、服从律法方面,对人们的生活进行了指导。六百位传教士兢兢业业、呕心沥血,促进了印度社会的蓬勃发展。"传教士亚伦·罗伯特·施瓦兹、威廉·凯里、亨利·马丁、雷金纳德·希伯、亚历山大·达夫和信徒詹姆斯·乌特勒姆、乔纳森·爱德华兹、亨利·哈

---

① 约翰·罗伯特·西利《英国的扩张》,第 251 页。——原注

威廉·凯里
(1761—1834)

雷金纳德·希伯
(1783—1826)

亚历山大·达夫
(1806—1878)

亨利·哈夫洛克
(1795—1857)

夫洛克成为基督教的不朽丰碑，也成为印度婆罗门和伊斯兰教徒的力量源泉。

　　由此可见，英国统治下的印度已基本实现柏拉图在《理想国》中描绘的愿景。英属印度拥有以下几个特征：第一，大公无私、才高智深的英国管理阶层；第二，附属机构包括训练有素的英印部队和组织有序的行政部门，此外，材优干济的法官与业务娴熟的文职官员达济天下；第三，普通民众有条不紊地从事产业活动；第四，将以上三点结合，柏拉图所谓的"正义与和谐"就可以实现。但即便如此，印度社会依然根基薄弱、贪腐成风。然而，人们依然可以乐观地认为，印度已经做好团结与进步的准备。

# 第 6 章

复兴与扩张

1783年，大英殖民帝国遭受重创，欧洲无法再以领土自治的形式开疆拓土。无论宗主国怎样精心培植其殖民地，都无法长久维持这种政治关系，除非放弃殖民野心。但英国不以为然，殖民大业在繁荣商贸的刺激下盛极一时。英国从未停下开拓印度半岛的步伐，七十五年后终于成就了霸业。本章将分别描述英国在西印度群岛、澳大利亚、加拿大和非洲励精图治的过程。

## 第 1 节 西印度群岛

了解印度殖民地的一系列棘手难题后，我们将注意力转向加勒比海沿岸。数据虽然不能代表一切，但能说明一些问题。英国曾统辖几百万人口的印度半岛，管理西印度群岛的一百二十五万居民自然显得游刃有余。西印度群岛人口总数是锡兰的一半，不及孟加拉的五十分之一，但这个群岛的历史依然引人注目，甚至发人深思。其总体特征如下：

（一）英国殖民史和浪漫的西班牙史都曾出现在地处热带和亚热带的群岛，在与西班牙的殖民斗争中，英国首先占据了上风。

（二）西印度群岛是英国的殖民利益中心。美洲的十三个殖民地已经拔旗易帜。英国虽然拥有加拿大，但作为摇钱树的西印度群岛受到贸易规则影响，只剩下几块竞争激烈的产糖地。1783年，乔治·布里奇斯·罗德尼大败法军，英国上下备感欣慰。英国通过西印度群岛攫取了巨额利润。18世纪末，西印度群岛对伦敦和布里斯托尔不仅具有政治意义，

乔治·布里奇斯·罗德尼（1718—1792）

还具有商业价值。一个在牙买加拥有种植园的欧洲人一定会令其他人艳羡不已,就像当年印度的暴发户一样。

(三)废奴战争在西印度群岛首战告捷,其历史意义非凡。这场战争是现代道德观念与传统守旧观念之间的抗衡,始于英格兰,波及欧洲,最终蔓延至全世界。伟大的历史英雄们从未莅临西印度群岛,却为了人类的自由积极投身战争,通过努力废除了奴隶制。

**一、西印度群岛史**

1605年,一群英格兰人象征性地占领了加勒比群岛的巴巴多斯,并在一棵树上刻了一句话:"这片土地属于英格兰国王詹姆斯一世。"1625年,大批英格兰人在巴巴多斯安家落户,种植烟草、木蓝属植物、棉花和一种可制作提神饮料的植物——甘蔗,但没有人意识到这种植物的经济价值。直到1640年,一位来自巴西的荷兰人才教会了巴巴多斯人用甘蔗制作糖料的技艺。此后的二十年间,这座与怀特岛面积相当的岛屿养育了五万名居民。这些人在海岸背风处种植甘蔗,并迅速将其发展成一个新兴产业。英国内战爆发及立宪政府成立后,许多富绅离开英格兰,来到了拥有"小英格兰"之称的巴巴多斯。威廉·佩恩称巴巴多斯为"英国殖民地的首个典范,人口稠密、国势强盛、众人役役"。巴巴多斯贸易繁荣,与牙买加相互竞争,但后来的《航海条例》禁止该岛与宗主国互通贸易。奥利弗·克伦威尔时代,许多囚犯像西非黑人奴隶一样,被流放到巴巴多斯充当苦役。1655年,英格兰远征军侵扰圣多明戈未果,又从西班牙手中夺取了牙买加,后又攻克了圣基茨岛和巴哈马群岛。西班牙占领了古巴岛、波多黎各和圣多明戈的大部分区域。法兰西攻占了马提尼克岛、瓜德罗普岛和圣多明戈其余地区。荷兰吞并了圣尤斯特歇斯岛和库拉索岛。丹麦攻陷了圣托马斯岛和维京群岛。18世纪,英格兰、法兰西、西班牙三国开始争夺西印度群岛的诸多小岛屿。

英军占领巴哈马群岛

西班牙占领古巴

英格兰最终守住了多米尼加、圣卢西亚、安提瓜岛、圣文森特岛、多巴哥岛、特立尼达岛和一众小岛屿。18世纪末,英国接手荷兰统治的部分圭亚那和西印度群岛,使这两个地方成为富庶之地。中美洲的洪都拉斯盛产桃花心木刀具,英国利用《凡尔赛和约》殖民到那里。西印度群岛最重要的殖民地有牙买加、特立尼达岛、英属圭亚那和巴巴多斯,这几个地方的发展均与制糖业息息相关。虽然各殖民地的利益不尽相同,但从牙买加发展史的重要节点上可窥一斑。

## 二、牙买加

西班牙在牙买加残酷地肃清原住民。1655年,英格兰获得了牙买加辽阔的种植园殖民地。牙买加的西班牙人全部被驱逐了出去,仅剩下一些逃到深山里的黑人奴隶。整整一个世纪,英格兰种植园主深受这些

多米尼加岛上的亚麻交易

## 第6章 复兴与扩张

奴隶在安提瓜岛开垦土地

烧杀抢掠的黑人的困扰,被迫发起了残忍的猎奴行动。因牙买加的土壤具有同质性,当地移民引进了甘蔗种植业,糖、糖浆和朗姆酒成为牙买加的主要产品。虽然这些产品的交易受到法律的限制,但鉴于大英帝国和美洲殖民地广阔的市场,牙买加的贸易并没有受到太大干扰。法兰西王国和其他欧洲国家也从各自的殖民地得到了糖品供应。西非工厂持续为美洲殖民地提供黑人奴隶,美洲开展了大规模的甘蔗种植。牙买加曾盛极一时,甘蔗种植业的年收益可达七万五千英镑,甚至十万英镑,远高于英格兰上层阶级的收入。埃德蒙·伯克原本拟定了减少并终止奴隶贸易的草案,但因担心受到西印度群岛商人的反对或殃及追随他的辉格党,被迫终止了计划。后来经过审时度势,一些有识之士坚持认为奴隶和奴隶贸易有违人道。历经五十年的抗争后,1807年,美洲的奴隶制和奴隶贸易被废除。但直到1833年,贩卖奴隶的相关机构才被取缔。

牙买加的英格兰种植园

虽然社会变革影响了牙买加的产业，但废奴运动绝不是牙买加产业衰败的主要原因。废除奴隶制前，牙买加早已出现衰败迹象。牙买加和巴巴多斯在英格兰的糖业市场不再独占鳌头，固有的特权阶层不断排挤新的竞争者。1798 年，英国开始统辖特立尼达岛和圭亚那，这两个殖民地的贸易直通伦敦和布里斯托尔。1810 年、1825 年和 1836 年，英国先后征服了毛里求斯、西印度群岛和锡兰。在这之前，这些岛屿需要向英国缴纳每英担商品三基尼的关税，牙买加也需要缴纳约每英担商品二十五先令的关税。现在，它们可以平等地进入竞争市场。特立尼达岛和圭亚那并没有受到任何影响，因为甘蔗和苦役遍及这块肥沃的土地。牙买加和一些早期的殖民岛屿同处在不利地位，苦役的过度使用加剧了土地的贫瘠化，当地的产业也随之衰退。1846 年，牙买加革命爆发。约翰·罗

## 第6章 复兴与扩张

素[①]推行统一的制糖业关税。糖业资源丰富的古巴岛、波多黎各和巴西也加入了制糖业大军,牙买加的制糖业盛世不复存在。一方面,自由贸易要求统一关税;但另一方面,牙买加种植园主与废奴主义者联手对抗统一关税,导致古巴岛和巴西的制糖业与英属牙买加并驱争先。古巴岛和巴西呼吁贸易自由,牙买加提倡劳动力自由。在英国的政策范围内,

约翰·罗素(1792—1878)

---

[①] 约翰·罗素(John Russell,1792—1878),分别于1846年到1852年、1865年到1866年担任英国首相。——译者注

灵活的自由贸易原则如影随形。英属殖民地劳工管理混乱，但英国从未考虑过相关的治理政策。劳工体制改革和糖业垄断权的丧失导致了牙买加的衰败。

| 1849年到1890年牙买加甜菜与甘蔗的产量 | | | |
|---|---|---|---|
| 年份 | 甜菜（吨） | 甘蔗（吨） | 比率 |
| 1849 | 95000 | 930000 | 1:10 |
| 1860 | 336000 | 1500000 | 1:4.5 |
| 1866 | — | — | 1:4 |
| 1885 | 2100000 | 2500000 | 4:5 |
| 1890 | 3630000 | 2118000 | 5:3 |

人们发现，通过甜菜提取糖分的产业具有很大的利润空间。但在19世纪初的欧洲，人们并不重视甜菜种植。直至1860年，为了制糖，欧洲人才开始大量种植甜菜。1850年前，甜菜产糖量与甘蔗产糖量比例是1：10。后来，甜菜的产糖量不断增长。1866年，甜菜产糖量与甘蔗产糖量比例是1：4；1885年是4：5。1890年，甜菜产糖量超过甘蔗产糖量，两者的比例是5：3。

欧洲各国设立了甜菜种植奖励金制度，每吨甜菜的奖金高达两英镑。这些国家隶属"自由贸易圈"，商业发展日新月异。西印度群岛的制糖业由此一蹶不振。牙买加的糖业贸易量也锐减一半，从1857年的两百八十万英镑下降到了1885年的一百四十万英镑。牙买加被迫调整了产业结构，将水果出口作为新兴产业。一些国家并不适宜种植甜菜，但为了竞争，它们强迫奴隶没日没夜地劳作。牙买加蓬勃发展的种植业一去不返，转型为种植热带水果和植物的花园，大种植园主也不再腰缠万贯。近来的官方报道称，牙买加的农民阶层逐渐成为后起之秀。

另一个英属殖民地的情形相对较好。在巴巴多斯，自由的黑人奴隶无权拥有可开垦的土地，依然在糖业种植园劳作。虽然贵族阶层不再像以前那样堆金积玉、富可敌国，但越来越多的种植园主变得富甲一方。

## 第6章 复兴与扩张

巴巴多斯的种植业也发生了巨大变化。除了制糖业,特立尼达岛还盛产可可豆。同时,该岛和英属圭亚那地区还盛行役使苦力。出口贸易并非巴巴多斯唯一的产业经营模式,这里既不是农场,也不是商店。只要在一定程度上达到自给自足,殖民地就不应该自怨自艾。如果调查一下英属殖民地的幸福家庭数量,就会发现居民的幸福指数已经大幅提升。牙买加的白人数量骤减,数量有限的白人入不敷出、孤掌难鸣。[1] 对不合理特权的限制导致了牙买加殖民地的暴动。爱德华·约翰·艾尔总督被赶下台。托马斯·卡莱尔和约翰·斯图亚特·米尔各执一词,以"无罪释放"和"道德谴责"为主题展开了辩论,牙买加最终成为英国的直辖殖民地。

英属西印度群岛地理位置优越,但从未享有任何特权。政治纽带决定商贸发展方向,殖民地与英国之间的商贸关系影响了其政治联系。首先,种植甜菜的国家对制糖业的奖励极大阻碍了英国的甘蔗种植。其次,隶属英国商贸圈的殖民地无论具有怎样的优势,都无权与其他国家进行互惠贸易。即使美国对糖业的需求较大,也不可能与英属殖民地达成任何实质性协议。譬如,西印度群岛的糖业贸易可自由出入美国市场,但需要互惠互利。但这种困境不可能一成不变。西印度群岛的原住民强烈要求像澳大利亚、加拿大和开普敦一样,获得财政自主权。从情感方面来说,他们不愿意独立或加入北美联盟,但圭亚那非常渴望贸易自由。牙买加意识到,美国与英国相比,更有助于其贸易量的增长[2]。英国政府不太关注西印度群岛一百二十万人的利益。但对殖民地来说,这个问题亟须解决。

---

[1] 最后一次人口普查数据显示,牙买加的白人数量为一万四千四百三十二人,但曾经高达三万人,混血人种为十万九千九百四十六人,黑人为四十四万四千一百八十六人,苦力达一万三千人。过去十年间,黑人和混血人种的数量增长了近12%。——原注

[2] 1875年,牙买加与英国的贸易总额是二百一十万英镑,与美国的贸易总额是七十万英镑。1889年,牙买加与英国的贸易总额是一百五十万英镑,与美国的贸易总额是一百三十万英镑。牙买加与英国的贸易量逐步减少,与美国的贸易量稳步上升。——原注

甘蔗种植园

蔗糖生产

## 第 2 节  澳大利亚殖民地

1776 年到 1783 年，英国痛失十三个富庶的殖民地。很少有国家能够承受这样的打击。美国一如既往地开展对英贸易，英国在一定程度上得到了补偿，英美贸易关系并未受损。因此，英国转移了目标。二十五年来，英国不断拓展殖民地，如 1795 年占领了锡兰，1797 年占领了西班牙的特立尼达岛，1803 年占领了圭亚那，1806 年占领了荷兰的好望角，1810 年占领了法兰西的毛里求斯。英国在西非拨乱兴治，在印度开疆拓域。许多英属殖民地蓄势待发，即将成为英国人在温带地区的新家园。

由于对科学发现非常感兴趣，著名的詹姆斯·库克船长前往澳大利亚南部海域。法兰西政府特别下令不得干涉其探险活动。1787 年，首批英国移民来到澳大利亚的杰克逊港，这里是通往詹姆斯·库克船长发现的植物湾北部的最短路径。英国政府的初衷是想在海外设立犯人流放地，而不是建立一个悠然自在、男耕女织的社区。这就是澳大利亚第一个殖民地——新南威尔士的起源。很多年后，维多利亚、塔斯马尼亚岛和西澳大利亚相继建立了殖民地。然而，殖民地对自由移民的需求引起了人们对这种殖民方式的反思。爱德华·吉本·韦克菲尔德提议在澳大利亚的每个新殖民地设立买卖土地的备用金，用以运输新移民并资助其开展殖民活动。各殖民地的拓殖效果不尽相同，但对澳大利亚南部和新西兰影响深远。

1851 年，巴拉腊特金矿的发现举世瞩目。一批踔厉风发的淘金者蜂拥来到澳大利亚，有人大发横财，有人却两手空空。

澳大利亚殖民地的发展如日方升，原住民开始强烈反对英国将犯人流放到澳大利亚的做法。理查德·惠特利大主教也指出了流放制度的危害性，称流放制度不但没有达到惩戒罪犯的作用，反而适得其反。维多利亚殖民地

## 第6章 复兴与扩张

詹姆斯·库克(1728—1779)

的殖民者终于按捺不住,声称要遣返部分犯人。于是,殖民政府将犯人发配到了澳大利亚的其他地方,流放制度由此废止。

新南威尔士对澳大利亚的意义,就像弗吉尼亚之于美洲。人们纷至沓来,定居在这片辽阔的土地上。维多利亚殖民地和昆士兰殖民地分别在1851年和1859年成为独立的殖民地,南澳大利亚仍然受到英国政府管辖。天鹅河的居民迁往西澳大利亚和塔斯马尼亚岛,并在1804年自建了独立殖民地。1840年,英格兰与法兰西争夺新西兰,英国仅用三天就赢得了新西兰正式的统辖权。新西兰群岛与英国人民一直保持着密切往来,捕鲸船上的船员在新西兰的某个小岛上休憩,商贾小贩穿梭在

塔斯马尼亚岛的原住民

早期的探险队发现天鹅河

淘金者蜂拥来到澳大利亚

流放到澳大利亚的犯人

小岛间,澳大利亚的传教士也来到这里布道。1840年,新西兰公司正式成立,威廉·霍布森船长担任总督,从而与英国建立了官方联系。

澳大利亚殖民地的人民兢兢业业,勤劳的英国移民遍布新西兰。殖民地不但形态各异,而且各具特色。新英格兰是受到宗教迫害和政治压迫者的避难所,新南威尔士是罪犯的拓居地,维多利亚殖民地掀起了淘金热,西印度群岛以奴隶和苦力闻名于世,开普敦和加拿大明显带有异域风情。澳大利亚的各殖民地颇具实力。新西兰政府处处谨小慎微,就像英国某个祥和宁静的郡县一样。但新西兰面临的困难是如何与原住民建立融洽关系,以及如何与英国的其他殖民地和谐相处。

威廉·霍布森(1792—1842)

第6章 复兴与扩张

澳大利亚的发展令人瞩目，甚至连最优秀的英国统计学家也难以预估其发展前景。1851年，乔治·理查森·波特曾在《民族进步》中展望澳大利亚的未来："根据澳大利亚的地理现状，即使不考虑人口与产量因素，澳大利亚也不太可能成为农业大国，更无法采用北美洲获取资源的方式。"当然，拥有三百万人口的澳大利亚暂时还赶不上拥有五百万人口的加拿大。1889年，不包括新西兰，澳大利亚的出口贸易额是一亿一千六百万英镑，而加拿大只有四千两百万英镑，这一点是乔治·理查森·波特始料未及的。

纵观澳大利亚殖民地的发展史，这些殖民地并无逸闻趣事可言。人类不需要吟游诗人，但需要历史学家、政治经济学家和自然科学家。过去的流放岁月和后来的淘金生活都无疑为人们绘制了一幅粗糙鄙陋的现实生活画卷。事实上，丹尼尔·笛福和布雷特·哈特的小说并没有给英国人留下任何想象空间。澳大利亚丛林中的冒险活动和自由生活从未赢得诗人们的青睐，既无赞誉，也无颂歌。急于发财的心态阻碍了诗人和作家阶层的形成，澳大利亚本土文学超强的吸引力也抑制了艺术的生成。因此，英国男孩心目中的英雄就是那些虚构的海盗、土著人和印第安首领，而对澳大利亚的捕鲸人、绑匪和丛林人一无所知。罗伯特·奥哈拉·伯克、威廉·约翰·威尔斯和威廉·亨利·赖特曾徒步穿越了澳大利亚大陆，传播了探险精神。这块大陆的传奇故事将永远镌刻在英国人心中。本书的第七、八、九章也对澳大利亚政府、贸易和劳动力进行了介绍，这些都是学习英国殖民史的重要史料。

## 第3节 加拿大殖民地

独立战争虽然使大部分英属殖民地获得了独立，但为英国继续掌控北美洲扫除了障碍。伊丽莎白一世时代的殖民产物，即纽芬兰鳕鱼渔场

布雷特·哈特(1836—1902)

罗伯特·奥哈拉·伯克(1821—1861)与威廉·约翰·威尔斯在澳大利亚内陆探险

早已通过条约转型为度假胜地。圣劳伦斯湾南部的新斯科舍和新不伦瑞克并没有受到殖民活动的太大影响。1763年，英格兰从法兰西手中接管了圣劳伦斯河以西的魁北克。这个英属北美殖民地在独立战争初期差一点儿失守。1774年，《魁北克法案》①的签署引发了英格兰与法兰西殖民者的强烈不满。除了魁北克，加拿大其他地区都被十三个反叛殖民地占领。但无论是在国民性格，还是在政治立场方面，法兰西人都不认同他们的新英格兰邻居。少数英格兰人加入了独立殖民地的保皇派，在斗争中坚决支持英格兰。英格兰接管魁北克时，那里仅有六万五千名法兰西人。除了二十五万法兰西原住民，魁北克还拥有一百多万法兰西后裔，这些人加起来是法兰西所有殖民地和附属地人口的两倍。英格兰最成功的殖民地脱胎于法兰西，这并不是巧合。1763年，英格兰将魁北克的殖民者从法兰西贵族的封建压迫中解救了出来，而且英格兰政府秉公执法、言出法随，其宪政和社会思想深深影响了美洲革命的进程。英格兰的殖民统治激起了印第安人的不满，导致了"庞蒂亚克阴谋"。面对令人懊丧的现实，政府必须以和平稳妥的方式解决印第安人问题英国与法兰西之间的摩擦日益加剧困难接踵而至，但这一切都无法阻挡魁北克加入1858年的加拿大邦联，也阻挡不了加拿大邦联政府前进的步伐。不考虑经济实力，只保留各自的特色，英国与法兰西的殖民地最终达成共识。但奇怪的是，六百年来，英国竟从未与爱尔兰达成某种共识。

　　1791年，魁北克分裂为上加拿大和下加拿大。上加拿大的居民多为英国人首届立法议会指出，该殖民地与宗主国遵守相同的财产法和公民权利法。此外，上加拿大还举行了首届废奴制会议。后来，由于英国与美国交恶，且各自形成了联盟，英国与法兰西的殖民地于1812年联合抵制美国。虽然尝尽了各种艰辛，但魁北克仍然处在大英帝国的保护下。在抵制美国的运动失败后，

---

① 该法案将各省归入魁北克皇家政府，不顾代表性原则，视国会为最高权力中心，重建了法兰西法律体系和罗马天主教。——原注

## 第6章 复兴与扩张

英国与法兰西长期的敌对状态并没有让双方疏离。令人惊讶的是，共同的殖民利益使英法两国超越了情感、宗教和国籍的界限。1837年的宪法改革使英国与法兰西的殖民地就完全代表制问题再生嫌隙。达拉谟伯爵约翰·兰布顿镇压了宪法改革运动，提议整合所有殖民地为殖民省，由代表政府统一处理殖民地的内部事务。

1867年，加拿大殖民地开始联合行动。新斯科舍和新不伦瑞克虽然相隔两地，但依靠宗族血缘紧密联系在一起。它们与加拿大联合组成了独立的邦联，即加拿大自治领，其中不包括纽芬兰。随后，加拿大自治领划分成了西部和西北部两个区域。其中，马尼托巴省、不列颠哥伦比亚省和西北地区的阿西尼博亚省、萨斯喀彻温省、艾伯塔省、阿萨巴斯卡省等地沿袭了旧制。毗邻新斯科舍的爱德华王子岛是加拿大自治领的新成员。加拿大的自治政府设在渥太华小镇。各省在众议院的代表人数为：安大略八十八名、魁北克六十五名、新斯科舍二十一名、新不伦瑞克十六名、不列颠哥伦比亚六名、马尼托巴五名。西北区的人数不足以设立选举区。这些数据体现了各省的重要性。

1885年起，从魁北克通往温哥华的加拿大太平洋铁路开通。加拿大自治领内部及与亚欧大陆之间的纽带随之建立。该铁路长达三千英里，途经广阔的草原，包括落基山脉坚硬的岩石上开凿的三百英里隧道。与早期旧金山的跨美路线相比，加拿大太平洋铁路缩短了中国到利物浦的距离，促进了加拿大的发展，加强了欧洲西海岸与亚洲东部的联系。穿梭在温哥华、中国、日本和澳大利亚的蒸汽船鱼贯而行，旅行者乘坐英国船抵达悉尼、上海和横滨。与之前相比，往返时间缩短了约十天。

世间万物皆有归宿。作为英属殖民地的加拿大，其命运投射在既无实际边界、又无自然壁垒的三千平方英里疆土上。美国的发展倍道而进。每个加拿大人都希望合并圣劳伦斯湾及其周围的湖泊，这一愿望一次次燃烧，又一次次熄灭。现在，人们一直宣称的自由最终会在六千万美国

加拿大印第安首领庞蒂亚克(1720—1769)

约翰·兰布顿（1792—1840）

新不伦瑞克早期移民

19世纪末的温哥华

人的心中找到答案。美国面临三个选择：第一，逐渐取得加拿大的支持，继而成立邦联；第二，武力实现美国和加拿大的统一；第三，默认加拿大对英国政府的支持。

## 第 4 节　非洲殖民史

英国从荷兰手中接管了好望角①。18 世纪末，人口稀少的荷兰曾由法兰西王国临时管辖。一个半世纪后，荷兰的白人数量依然未能超过

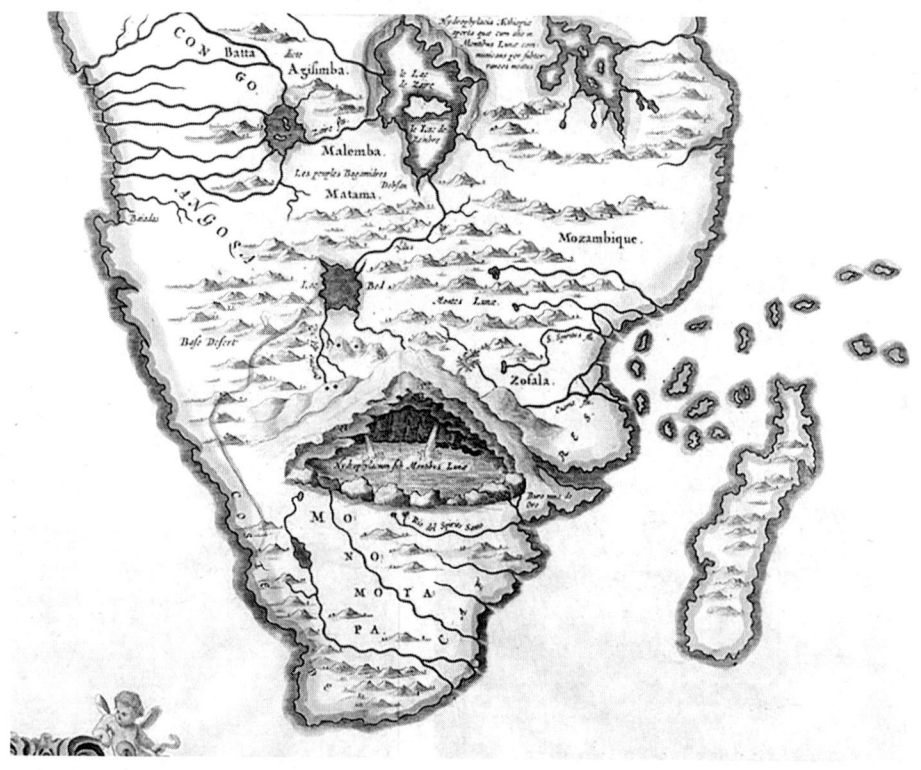

好望角的地理位置

---

① 1795 年，英国强行占领了好望角，但 1802 年的《亚眠和约》（Peace of Amiens）又将好望角归还给了荷兰。1806 年，英国重新占领好望角。直到 1815 年休战期间，英国终于获得了好望角的殖民统治权。——原注

一万人。后来，由于荷兰贸易阻滞，荷兰政府不再支持殖民活动，荷兰殖民者只能流散到美洲一望无际的遐方绝域。即使是最后一任荷兰总督，也无法让荷兰移民重获昔日的辉煌。好望角的贸易组织非常混乱，滞销的羊毛堆积在海滩上，任由风雨侵蚀。据估计，1884 年，好望角的羊毛出口总额为一百七十五万英镑。1885 年，当地的白人总数为三十四万人。法兰西海军的坚船利炮迫使荷兰投降。英格兰占领了好望角，但于 1802 年遵照《亚眠和约》撤离好望角。1815 年，英军卷土重来，重新在好望角建立了殖民地。好望角的海事地位非常突出，对英国的殖民活动大有裨益，但到了后期英国在这里的统治出现了许多困难。英国整合劳力、财力，组建了欧洲移民组织，这个组织的团结力量远胜加拿大的法兰西移民组织。非洲盘根错节的殖民利益最终证明了英国在欧洲文明中的中流砥柱作用。

地中海诸国曾殖民非洲北海岸，法兰西意欲坐收渔翁之利。当时，西班牙和摩洛哥唇齿相依，意大利与突尼斯休戚与共，埃及炙手可热，西非对外开放，法兰西捷足先登，跃跃欲试，英国已经开始开疆拓土，葡萄牙雄踞非洲南部。1884 年，德意志帝国也想分一杯羹。经 1885 年的柏林会议批准，比利时代替法兰西第三共和国，在刚果河畔成立了国际协会。1890 年到 1891 年，欧洲列强在协商基础上达成了共识，即任何想在非洲获取利益的国家，必须提前向他国表明其意。刚果成为群雄争逐的要塞。比利时国王抓住时机，抢在荷兰之前占领了刚果。葡萄牙、德意志帝国和意大利瓜分了非洲东部，这是意大利第一次拓展疆域。相对而言，这些非洲殖民地的发展前景并不乐观，也不具备典型的殖民地特征。通过巧取豪夺、拔旗易帜建立的殖民地都不及英国在非洲南部建立的永久性殖民地，更不及英国在尼日尔河东部及中下游地区建立的定居点。英属南非殖民地地域广阔，具备两点殖民优势：第一，殖民者已经在这里打下了坚实的殖民基础，不仅适应了与欧洲相似的气候，还拥

《亚眠和约》签订现场,拿破仑与查尔斯·康沃利斯握手言和

各国代表在柏林会议上瓜分非洲

有先进的航海设备，不断扩建原有殖民地；第二，必须考虑非洲海岸的实际条件。德拉瓜湾海岸及北边的赞比西河口疟疾肆虐，欧洲人无法举家定居在那里。开普敦和德属殖民地本格拉之间的西部海岸也存在类似情况。英国在远离内陆的南部海湾建筑了港口。所有这些优势使英国独步一时、日趋强大。

英属南非殖民地面临的问题是，不仅要与荷兰殖民者达成可行性协议，还要说服原住民接纳英国，使双方和谐相处。

### 一、南非的荷兰人

英国与荷兰为了履行和平协议，勉强群居和一。但 1880 年的布尔战争表明，八十年来，英国与荷兰实际上是貌合神离。早期的英国殖民地疆域辽阔，直抵瓦尔河。荷兰人对此心怀芥蒂，英国被迫宣战，布尔人抢占了先机。为了保存实力，英国做出了让步。布尔人赢得了两块殖民地，即完全独立的奥兰治自由邦和被抛弃的德兰士瓦。德兰士瓦就是现在的南非共和国，它虽然内政独立，但在外交方面仍受制于英国。这类问题尚未解决，但各国的联合已经指日可待。目前，非洲南部的大多数移民是布尔人，但其人口增长速度远不及英国殖民者，同时，荷兰移民数量也没有英国移民数量多。布尔政府管理英国移民时显得力不从心，只能独善其身。第二次布尔战争爆发，英国殖民者力排众议，克敌制胜。毫无疑问，英国在开普敦的统治地位是人心所向，并与法属加拿大一拍即合。德意志帝国对澳大利亚殖民地和美国自由的宪法精神非常感兴趣。美国人稠物穰、国富民强，一直与英国讲信修睦，但无法就好望角问题与英国达成共识。目前，英国充分利用奥兰治自由邦和德兰士瓦的大片牧场，开发了当地丰富的矿产资源，并建造了纵横交错的铁路网，促进了南非欧洲利益共同体的互利共赢。

1880年第一次布尔战争

第二次布尔战争中惨胜的英军

## 二、卡菲尔人和其他民族

随着社会的发展,英国与非洲原住民的相处问题迎刃而解。如果没有野蛮人的大量涌入,纳塔尔殖民地的原住民依然是幸福的。英属殖民地不断发展壮大,英军与当地的卡菲尔部落频繁交战,造成了一定的损失。譬如1879年到1880年的祖鲁战争,英国在这场空前绝后的大规模战役中,将骁勇善战的非洲各部落招募麾下,以应对外敌侵袭。

## 三、南非政府

在南非殖民史上,英国有望与殖民地政府在领土归属与行政管理方面达成一致。英国政府的长期干涉剥夺了殖民政府的权力,阻碍了英属殖民地的发展,也引起了殖民者的反感。成为宗主国前,英政府已经开始对开普敦行使主权。南非专门成立了高级专员委员会,负责殖民地总督

祖鲁战争中的英军辎重队

的任命。总督一旦卸任,将不再执行开普敦内阁的决定。1891年,英国与南非之间的关系变得错综复杂。盘根错节的政治状况如下:

(一)责任制政府开普敦包括西格里夸兰和鲸湾的孤岛;

(二)纳塔尔代议制政府;

(三)开普敦政府管辖以下几个地区:

1. 南非高级专员负责的巴苏陀兰、蓬多兰、英国保护地和英国势力范围;

2. 开普敦总督负责的英国直辖殖民地贝专纳;

3. 非洲东南部高级专员与纳塔尔总督共同负责的祖鲁兰和阿马通加兰;

4. 英国和波尔委员会负责的斯威士兰;

5. 英国外交部负责的德兰士瓦;

6. 独立的奥兰治自由邦。

## 四、贸 易

南非殖民地的贸易得益于钻石的发现,而且多年来收益可观,年收入近三百万英镑。金伯利和约翰内斯堡完全靠矿工的双手开采钻石。此外,鸵鸟毛生意一本万利,年出口贸易额达一百万英镑。1856年建立的纳塔尔殖民地拥有亚热带的制糖业,来自印度的三万多名苦力在种植园里朝耕暮耘。

英属南非特许公司加快了内陆领地的扩张速度。虽然拥有政治权力,但其行为敉始愍终,使英国政府无法对其进行干预。该公司还通过志愿远征兵核查了英属殖民范围,并与当地的部落首领草拟了协议,奠定了未来殖民地的发展基础。1889年,南非某主教开启了一段特殊旅程,返乡后向大家叙述了旅途中的所见所闻,其丰富详实的经历远胜罗伯特·莫法特的见闻。

## 五、1890 年的非洲势力范围划分

欧洲和非洲都将铭记 1890 年。这一年，1885 年柏林会议的提案得以实施，非洲由此陷入文明的漩涡。提案一旦达成，将会形成多样化的欧洲殖民范围。

如果谈判成功，各国就可以避免战争。虽然冲突不断，但一直没有国家宣战。各项条款已经达成，不过，英国与葡萄牙、英国与意大利协议的商讨尚需时日。

英国与德意志帝国虽然基于公平原则签署了条约，但都公开谴责本国的外交部。英国对桑给巴尔岛和乌干达的内部交易市场非常满意，但这些成功的商贸活动大多归功于印度人，而非英国人。因此，英国应该时刻牢记自己的宗主国身份。

1891 年 4 月，英国就非洲东南部问题与葡萄牙进行了商议，并就非洲中北部问题与意大利进行了谈判。最终，英国默许了非洲南部殖民地到尼罗河谷之间的贸易路线。英国之所以这么做，并不是因为这个地区路径繁多，而是因为直通非洲心脏的康庄大道可以推动非洲的发展。

英国认为铁路可以促进文明与进步。这个观点听起来有点儿言过其实，但在社会发展的某一阶段，铁路确实能够改变社会现状。亨利·约翰斯顿曾在游记中提到非洲中部的发展，他说："从没有像铁路这样的文明使者，不仅可以提高贸易额，创造新商机，还能淡化种族歧视，瓦解狂热的宗教主义。"非洲的铁路网和湖泊形成了世界级的通衢大道。

## 六、西非海岸殖民地

19 世纪的一些事件促使英国向非洲冈比亚和黄金海岸移民，包括塞拉利昂和拉各斯在内的英属殖民地依旧发展缓慢。首先，黄金海岸对白人来说至关重要，这里是失意的律师、医生和商人的避难所。他们背

井离乡,追名逐利,甚至将生死置之度外。其中,英国居民非常少,但坦率来说,英国移民的道德品质也不高。曾几何时,奴隶贩子和"棕榈油恶棍"成为黑人部落里的基督教代表。废除奴隶制、扩充船队、加强统治等举措扩大了英国的影响力。阿散蒂战争结束后,局面得到改善。以前,非洲殖民地的白人数量不足百余人,塞拉利昂仅有两位欧洲女性,分别是主教和医生的妻子。此外,塞拉利昂附近的黑人部落比东南部的班图部落更难相处。海岸观察员一直对西非统治者,即达荷美和阿散蒂的国王没有任何印象,也经常对自己的宗教和文明妄自菲薄。弗里敦和拉各斯富甲天下,尤其是拉各斯。但这些财产都归海港市政公有,公民不得私有。

### 七、新尼日尔领地

在西非冈比亚延伸至刚果的海岸线附近,潮湿炎热的气候更容易使疾病蔓延,阻碍了殖民运动的顺利开展。英国在尼日尔和乍得湖之间的内陆高原设立了保护地,体型威猛、生性残暴的黑人部落和具有阿拉伯血统的混血伊斯兰教徒定居在此。英国如果与这些人结盟,英属非洲殖民地的发展前景将大不相同。非洲内陆高原气候干燥凉爽,绿草如茵,物种繁多,非常适合狩猎,但矿产资源并不丰富。英国与德意志、法兰西先后在此签订了国际协议。1637年,英格兰统治了冈比亚,法兰西在塞内加尔封疆划界。1857年以来,德意志人盘踞在喀麦隆。法兰西人依托塞拉利昂,沿着海岸线开疆拓土。欧仁-梅尔基奥·德·沃居埃指出,英国呈扇形排列的殖民地跨山压海,令其他国家的非洲殖民者艳羡不已。

特许公司曾风靡一时。1884年,为了扩大影响力,英国创建了英属尼日尔公司。总的来说,英属西非殖民地欣欣向荣。但由于气候极端,非洲落后的小殖民地的居民往往目光短浅、故步自封。借鉴了法兰西的殖民经验后,英国也开始对一些强大的黑人部落委以重任。无论是出于

阿散蒂战争中受伤的士兵被抬到船上

班图部落

对实际利益的渴望,还是受到文明的感染,这些部落都会接受友好公正的殖民政策。

德意志人和意大利人成为新晋的殖民探险者。1885年的柏林会议后,德意志帝国非常愿意与能力出众的海因里希·巴尔特和开拓乍得湖的非洲探险家们一起开展殖民活动。德属非洲殖民地包括桑给巴尔岛对面的东海岸、安格拉佩克纳延伸至奥兰治河以北的西南海岸和喀麦隆火山的几内亚湾。1886年,柏林出版的地图标记了德意志帝国从沿海到内陆、横跨非洲东西两岸的势力范围。德意志帝国在殖民活动中获益颇多。位于非洲中部的刚果一直保持中立,阻碍了德意志帝国的殖民开拓。

海因里希·巴尔特(1821—1865)

英属殖民地纵贯南北，德属殖民地横跨东西，"就像一把刀子一样，插在非洲大陆上"。英国失去了贯穿开罗和开普敦的殖民线路，只能通过中立的刚果，走上反对奴隶贸易的大道。

1882年，意大利侵吞了红海的阿萨布，1885年占领了马萨瓦，1890年在阿比西尼亚建立了保护地。但英国一直不认可受意大利钳制的卡萨拉，因为那里是埃及的前哨。埃及曾受制于英国，后来发起了抵抗运动。意大利的一个蒸汽船公司仅花费一千八百英镑就购置了一片非洲土地，后又将土地移交给了殖民地政府，由此开启了意大利殖民活动的先河。英国殖民地年耗资八十万英镑，其规模远胜于意大利殖民地，但十年后已是沧海桑田。

## 第5节 收购其他殖民地

除了上述殖民地，从1783年开始，英国还在全球范围内收购了一些殖民地。

### 一、马耳他

1801年，英国从拿破仑手中接管了马耳他。根据《亚眠和约》，英国应该将马耳他还给受到俄国保护的圣约翰骑士团。但由于其他条件尚未成熟，英国拒绝归还马耳他，从而使战争复燃。1814年，马耳他正式成为英国属地。1887年，马耳他的武装政府下台，代议制政府成立。

### 二、亚 丁

1838年，英国将孟买政府管辖的亚丁设为通往印度的殖民驿站。

### 三、毛里求斯

1810 年，英国从法兰西第一帝国手中夺取了毛里求斯。这个地方不但气候温和、风景旖旎、土壤肥沃，而且殖民实力雄厚，就像不朽诗篇《保尔和薇吉妮》中令人心旷神怡的海岛风光或《鲁滨孙漂流记》中生机盎然的岛屿。这座美丽的法兰西小岛曾是海上度假胜地，现在却沦为劫匪和海盗的避难所。英国勉强接管了小岛，将其建设成像英属巴巴多斯那样人稠物穰的胜地，络绎不绝的殖民者争相来此定居。

### 四、海峡殖民地

1819 年，英国购置了马六甲海峡的新加坡岛。马六甲本来属于葡萄牙，后被荷兰殖民者占领。槟榔屿也被割让给了东印度公司。英国筹建了新加坡自由港，不仅输出热带水果，还为英国与印度供应商品。其中，从事大单生意的交易商多为中国商贾。

### 五、香 港

1840 年到 1842 年，第一次鸦片战争爆发。英国生产并强行出口鸦片到中国，其行径为本国国民所不齿。英国还要求中国割让香港岛以示赔偿。香港自由港成为英国与中国的商贸活动中心，总贸易额达两千万英镑，但仍然不及新加坡交易额的一半。

### 六、纳闽岛和沙捞越

1847 年，英国开始对婆罗洲附近的纳闽岛进行殖民统治。1888 年，由英国人詹姆斯·布鲁克治辖的沙捞越正式接受了英国的"保护"。1881 年，英国北婆罗洲公司成立，其影响力波及婆罗洲北部和西北部。

### 七、停止收购

英国攻占毛里求斯

东印度公司

第一次鸦片战争——英军步兵攻击清军阵地

詹姆斯·布鲁克(1803—1868)

东印度公司储存鸦片的仓库

## 第 6 章 复兴与扩张

近年来,公众普遍认为,英国应该偃甲息兵,让印度按照自己的方式发展。英国的殖民扩张对初具雏形的自由贸易没有丝毫影响,以宪法自由为基础的公平道路还很漫长。亨利·巴克利称,英国殖民部早已提醒他做好担任最后一任总督的心理准备。

鉴于对政治原则的考量,英国不得不接受无法逃避的现实。英国国内两党心照不宣,行动一致。保守党拒绝接管新开发的刚果和贝宁湾的喀麦隆火山地区,自由党不愿接手桑给巴尔岛的保护地,并谴责昆士兰介入了其他国家对新几内亚的瓜分行动。

亨利·巴克利(1815—1898)

## 第 6 节　1880 年到 1890 年的新起点

法兰西第三共和国不仅关注莱茵省的收复问题，还在非洲大陆的殖民活动中奋勇当先。

在德意志与法兰西的较量中，德意志帝国认为形势对自己有利。因此，涌入英属殖民地时，大批德意志人嫉妒英国的殖民范围。意大利也开始将目光投向海外。然而，英国的条约协定国比利时开发了刚果河流域，成了真正的开拓者。1876 年，比利时国王成立中立的国际化组织——刚果国际协会。该协会以比利时为主导，法兰西第三共和国从中受益。1878 年，英国掌管了塞浦路斯。土耳其战争后，英国又将巴统赔偿给了俄国，建立了新的战略要塞。1881 年，法兰西第三共和国对突尼斯虎视眈眈，英国将地中海六百英里的海岸转让给了法兰西第三共和国。1882 年，为解决法兰西第三共和国留下的难题，英国开始整饬埃及。

19 世纪 80 年代的巴统

世界掀起了瓜分领土的热潮。德意志帝国在非洲采取了备受瞩目的三次行动。1885 年，法兰西第三共和国遵守协议，接管了马达加斯加，并于 1890 年得到英国的认可。苏丹西部因爆发革命而分崩离析。十年间，非洲仅剩下摩洛哥、的黎波里和达荷美三个主权王国。此外，伊斯兰教徒控制了埃及管辖的苏丹东部。

殖民运动波及太平洋沿岸。德意志帝国觊觎新几内亚。如果不是昆士兰坚决抵抗殖民地政府的不作为，英国很可能被淘汰出局，而不会赢得新几内亚东南海岸。英国最终同意德意志帝国与荷兰瓜分其领地。美国在桑威奇群岛举足轻重，有助于欧洲殖民梦的实现。萨摩亚的国际地位受到美国的保护，太平洋其他岛屿也被各欧洲大国"治辖"。英国之所以能够殖民新西兰和澳大利亚，是因为其他国家害怕强大的大英帝国。1874 年，英国实力锐减，但斐济依然是英国的附属地。澳大利亚新喀里多尼亚的发展日新月异，成为犯人的避难所，英国殖民者备感欣慰。法兰西第三共和国谨小慎微，没有正式修订殖民计划。

英国将黑尔戈兰岛割让给德意志帝国后，目光短浅的英国人并未意识到割让尔戈兰岛意味着什么。正如朱尔斯·法夫尔所说："丧失领土意味着失去尊严。"该岛自此隶属于德意志帝国，英国无法再以"帝国"的形式对其实施殖民统治，在采取国际殖民行动时也要屈尊听取他国意见。

# 第 7 章

帝国政府与殖民地政府

英国政府的执政形式多种多样，不同历史阶段的英属殖民地实行不同的政治制度。1891年，英国甚至有三四十种执政形式同时运作，譬如完全意义上的帝国专政和屈于从属地位的殖民政府。殖民政府并没有话语权，形同虚设。一系列复杂的历史变化就像自然生长的有机体一样，为适应不同需求而形式各异。虽然社会机制墨守成规，但社会生活越来越丰富多彩。无论是保留沿用的旧体制，还是增减有度的社会变革，都遵循着重要原则。英国人虽然规行矩步，但在执政方面却是最懂得灵活变通的欧洲人。

"一国多政"使英国中央政府与新殖民政府之间的分权问题变得非常突出，殖民地在某种程度上隶属于中央政府，受专政统治。然而，法属殖民地是一个例外，不仅在中央立法机构拥有代表席位，还兼具国家机关的特点。法属殖民地的居民是完全意义上的法兰西公民，殖民政府只是徒有其表。历史被忽视，差距被漠视，但这是社会变革的必然结果。英国的社会机制运转如常，暂时没有产生不好的影响。中央立法机构并不是殖民统治的工具，对殖民事务的管理保障了殖民地的社会秩序和人民福祉。

殖民地对宗主国的依附关系依然颇具争议。直辖殖民地居民很少有机会参政，其议政形式多流于表面。英国的专制统治并非乾纲独断，由于各殖民地的评判标准不一，实施成效因地而异。

通晓管理学的人可能认为，"保护式专政"远比"暴君独裁"更具实践意义。相比不负责任的政府，独裁统治者更令人惶恐不安。历代喜怒无常、乖张怪戾的统治者更容易给人民造成灾难，殖民地宪政史对此做出了最好的诠释。欧洲殖民地政府的一项调查显示，各国宪政大相径庭，有的政府行为合情合理，有的政府行为却令人费解。因为各国所处的历史环境不同，所以不能一概而论。

## 第1节 早期殖民治理

不难发现，创建伊始，每个欧洲殖民地政府都需要遵守宗主国的宪法。"殖民"即从宗主国移居海外领地的大量公民，如殖民地的西班牙人仍是宗主国公民。原住民与基督徒争夺的不再是独立的居所，而是话语权。为了让原住民臣服效忠、遵守律法，殖民者与原住民需要缔结条约。殖民者远离基督世界，来到不毛之地或落入"蛮夷"之手，但他们可以继续效忠宗主国，享有公民权益。国内管理层，如王室成员或高级官员等，很少参与移民管理，而非管理层移居殖民地后，几乎没有涉政的欲望。他们不受殖民活动的影响，或恪守国内的规章制度，或受制于特派代表的统治。但曾被宪法赋予特权的公职人员决不承认自己移民后丧失了特权。简单来说，宗主国宪法的实施效用决定了移民在新殖民地的地位。

### 一、西属殖民地

西属殖民地实行的是君主专制，西班牙国王直接任命墨西哥、利马、

19世纪初的布宜诺斯艾利斯

波哥大和布宜诺斯艾利斯等殖民地的总督及主要官员，参与殖民地管理的多是西班牙人，而不是选举产生的殖民者。三百年来，先后统治西属美洲殖民地的一百七十名总督和六百一十名海军上校及政府官员中，本地殖民者分别为四人和十四人。西班牙人身居要职，甚至包括殖民政府的书记员，这对国内政务是莫大的嘲讽。少数特权阶级与贵族执掌政权，贵族势力得到迅猛发展。不过，有一些富户贵族无法享有特权。西属殖民地被阴谋诡计和尔虞我诈笼罩，白人与有色人种之间的差距日趋扩大，神职人员监控着平民，仇富心理逐渐蔓延，阶级斗争也愈演愈烈。长期生活在亚热带地区的人们由于受到殖民统治影响，心理变得越来越阴郁。殖民者无意掌管当地政府，终因鼠目寸光自食其果。西班牙殖民统治中心被拿破仑军队摧毁，亟待重组，但最后还是没有逃脱土崩瓦解的结局。

如果西班牙任命各殖民地的达官贵人担任总督，很可能会拥有更多附属国。当西班牙身处险境时，各属国一定会挺身而出，在英格兰的协助下将法军驱逐出境。当时，如果墨西哥和委内瑞拉的达官显宦伸出援手，西班牙可能会履险如夷。然而，富民阶级疏离冷漠，伺机摆脱当局统治。无敌舰队终究没能卫家卫国、抵御外侮。经过一番无用的斗争，西班牙帝国走向衰败。后来，新政府虽然严于整饬，但仍然处在动荡的局势中。

## 二、葡属殖民地

葡萄牙殖民体系并没有值得关注的地方。1890年，其最大的殖民地巴西宣布独立。这可能是葡萄牙效仿西属殖民地的结果。

其他西班牙和葡萄牙属地都由宗主国辖治，但古巴岛存在白人与有色人种混居的现象，不属于纯粹的移民殖民地。其治理模式与英属直辖殖民地相似。

### 三、荷属殖民地

荷兰只有爪哇岛和开普敦两大移民殖民地。在开普敦殖民地，只有长期居住的移民才能参与政府管理，商人和种植园主无权参政。英国接管荷属殖民地后，战争一触即发。荷兰在新阿姆斯特丹成立了临时共和政府，并赋予爪哇岛部落首领治理权。这种模式值得英国借鉴。

### 四、法属殖民地

法属殖民地的制度比较完善，而且久负盛名。实践出真知，法兰西殖民者结合国内政客的智慧和经验，学以致用。其治理模式如下：（一）由政府官员、城市商业代表各十二名组成国内理事会。各殖民地总督和地方行政长官均由宗主国委任，并且设有由种植园主组建的皇家理事会；（二）公职人员的报酬采用薪资制；（三）政府开销完全由宗主国支付。

这一制度虽然详尽灵活，但依然无法顺利实施。绝望的法兰西政府将殖民地的财产损耗殆尽后，法院不得不暂时履行政府职能，为想要在殖民地有所作为的人留出职位。毫无疑问，这对早期殖民地的发展毫无益处。法兰西殖民者满怀爱国热情谋求自治，却劳而无功。独立战争之前，海地的经济蒸蒸日上，但其政治前途并不明朗。白人成为自由、平等、友爱的共和国公民，黑人却被迫为奴。最终，黑人奋起反抗，历经战火的洗礼，在民族英雄杜桑·卢维杜尔的带领下走向独立，建立了海地共和国。

法兰西军队在陆战中全军覆没，法属美洲和法属印度都被英国占领，从此无法再进行大规模的拓殖活动。法属马提尼克岛、瓜德罗普岛和留尼汪岛移民众多，社会繁荣，但其他殖民地的原住民都多于殖民者，政府难以管辖。1891年，法兰西殖民地理事会改制，保留了各理事的代表权。战略要塞阿尔及利亚无法负荷大量法兰西移民，五万名法兰西占领军令其财政捉襟见肘。

海地黑人奋起反抗法国人的殖民统治

杜桑·卢维杜尔(1743—1803)

**五、英属殖民地**

亚当·斯密列举了殖民地民康物阜的主要因素，即土地肥沃和管理自由。就"土地肥沃"而言，英格兰起初并不像西班牙、葡萄牙和法兰西那样幸运，但在土地改良与耕作方面，英格兰的政治体制更具优势。当时，没有哪个殖民地能与英属美洲殖民地媲美。

17世纪，英格兰移民在殖民地传播"小家凝聚成大国"的国家理念。正如亚当·斯密说的那样，除了外贸事务，在代表大会的支持下，英属殖民地的其他事务都可以实行自治。早期的宪章内容受君主制的影响，主要为社会上层服务。宗主国、公司与个人侵占了大量土地，殖民政府直接或间接持股，并没有违背自由主义原则。为了开拓新的殖民地，政府必须选拔一些管理经验丰富、财力雄厚、具有声望的人物。在宾夕法尼亚和马里兰等殖民地，起初，定居者借助他人资本生存，毫无话语权。后来，他们用积累的个人财富扩大了经营，成为产业的主人。马萨诸塞殖民地的定居者利用个人资本，享有一定政治地位，其总督也由民众选举产生。

弗吉尼亚殖民地建立十二年后，于1619年成立了议会。作为英国议会的首个分支，它是美国和其他英属殖民地立法机构的奠基者。该议会由理事会和二十二位代表组成，代表由公民选举产生，分别来自十一个移民区。议会定期召开会议，讨论征收税款和审核法律等事宜。

英属各殖民地掀起反对宪章特权的斗争浪潮，导致商贸活动逐渐失控，商业利润骤减。许多商人纷纷撤离了殖民地，王室代表逐渐失势。1649年后，国家权力由议会与王室共同主导。1688年的光荣革命加剧了事态的恶化。殖民地议会明文规定，所有贸易活动必须符合宗主国的利益。《航海条例》在美洲生效，英国依据殖民地的规章制度筹建殖民体系，实施贸易垄断。

## 六、危 机

英国殖民史上曾先后出现两次危机：

（一）北美十三个殖民地的立法机构不顾大局，独享征税权。这些殖民地宁愿脱离与英国的一切政治联系，也不愿放弃税权。

（二）与大西洋各殖民地明显不同的是，英国议会对加拿大的统治渗透社会生活的方方面面。实际上，加拿大只是英国的附属领地，并非宜居之所。英国曾企图征服加拿大，却以失败告终，最终形成了"英国移民自治"的模式，并为后来的许多殖民地提供了借鉴。

## 七、第一部近代殖民宪法

1763 年，加拿大正式成为英属殖民地。当时，加拿大的人口达六万五千人，其中多为法兰西人。英国的殖民政策有百利而无一害，广受殖民者的推崇。横跨大西洋的封建制度被逐渐废除，产业发展的障碍也被清除，殖民地掀起了肃反运动，许多法兰西官员被送往巴士底狱。法裔加拿大人并不效忠英国政府，英国对此也无可奈何。爱尔兰接受了新教徒议会的统治，英格兰天主教徒的公民权利被剥夺，英国人无法继续在加拿大秉政当轴。1774 年，诺斯[①] 政府通过的《魁北克法案》恢复了法兰西在魁北克的旧律，改变了原来的有效条款，并规定公民不得参政议政。大西洋沿岸的殖民者对此惴惴不安，威廉·皮特也谴责了这一做法。加拿大饱受分裂之苦，睿智的总督盖伊·卡尔顿力挽狂澜，夺回了魁北克。此后，加拿大一再要求建立议会，恢复《人身保护法》。1791 年，代表议会一致同意废除《魁北克法案》。殖民地被划分为以英国人为主的上加拿大和以法兰西人为主的下加拿大，并分别设有副总督和立法机构。除了商贸事务，英国议会赋予了加拿大殖民地较大权力。

---

[①] 即诺斯勋爵弗雷德里克·诺斯（Frederick North，1732—1792），1770 年到 1782 年担任英国首相。——译者注

魁北克之战

弗雷德里克·诺斯
（1732—1792）

盖伊·卡尔顿
（1724—1808）

上加拿大的立法机构宣布了英国的财产法、民事权、陪审团审判法和废奴制度的有效性，引起了查尔斯·詹姆斯·福克斯的极度不满。他在审议该法案的过程中，积极响应曼彻斯特学派五十年来鼓吹的"殖民地自治"主张。殖民政府对英国议会负责。加拿大殖民者对此怨声载道。英国与法兰西第一帝国海战期间，法属殖民地的加拿大人支持法兰西第一帝国，却不料法军全军覆没。魁北克公民听到消息后百感交集。1812年到1815年，英国与美国的战争中，加拿大人转而支持英国。在最后一场战役中，英勇的加拿大民兵保卫了国土。

查尔斯·詹姆斯·福克斯（1749—1806）

## 八、功利主义

1837年,下加拿大居民的不满情绪高涨,继而爆发叛乱,镇压运动却收效甚微。许多头脑冷静、思路清晰的思想家、作家和公众人物都拥有系统的政治思想理论,虽然并不深奥,但足以阐释边沁主义。如詹姆斯·米尔①、约翰·斯图亚特·米尔、奥斯汀夫妇②、乔治·格罗特、查尔斯·布勒等。1838年,年轻有为的达拉谟伯爵约翰·兰布顿出任北美殖民地总督。他的助手查尔斯·布勒执笔的《英属北美殖民地事务分析》备受激进哲学家的推崇。不幸的是,达拉谟伯爵约翰·兰布顿由

乔治·格罗特(1794—1871)

---

① 詹姆斯·米尔(James Mill,1773—1836),苏格兰历史学家、经济学家、政治理论家和哲学家。——译者注
② 约翰·奥斯汀(John Austin,1790—1859),英国著名法学家,边沁主义代表人物。他去世后,其妻萨拉出版了他的著作。——译者注

于犯有政治错误被召回,最终英年早逝。1840年,他的继任者说服议会,将上、下加拿大合并,建立统一的立法机构,并轮流在魁北克和多伦多召开会议,而行政机构则由殖民者掌控。所有官员对立法机构负责,这是英国宪法的基石。加拿大一旦得到自治权,就能摆脱宗主国的钳制,其总督也有部分官员的任命权。1845年,查尔斯·梅特卡夫总督放弃了自治权,强调宗主国的权力。英国的《殖民地规定》第五十条内容是:在设有责任制政府的殖民地,总督有权任免执行委员会委员。如果委员对地方立法机构不满,可以向总督递交辞呈,不再履职,具体可参照英国规定。"涉及特殊殖民事务时,总督需要听取宗主国的意见,咨询如何应对殖民地立法机构的决策,采纳以该法机构为核心的内阁的意见。民众高涨的激情冲淡了之前的负面影响,变革运动席卷加拿大。重塑法

查尔斯·梅特卡夫(1785—1846)

## 第7章 帝国政府与殖民地政府

律法规、增设市政机构、革新教育体制、取消商业限制,并在英国的支持下修建铁路。1841年,近代殖民政府初见雏形。

加拿大殖民地的宪法援引了英国旧制,具体的法律法规与程序都与英国宪法相符。最高法院决议指出,上议院和下议院权力分配不均,英格兰、昆士兰和加拿大的情况相同,但美国与此不同。美国的行政与立法机构截然分立,都由人民选举产生。无论立法机构是否存在异议,行政机构每四年选举一次,而且任职期间权力稳固。加拿大参照英国宪法,成立了立法委员会。实践证明,盎格鲁-撒克逊的两种代议制政府形式普遍适用于英属殖民地,并且已经得到法兰西和意大利等拉丁国家的认可[1]。

### 九、责任制政府

目前为止,英国的责任制政府已经扩张到了九个殖民地,即纽芬兰、新南威尔士、维多利亚、南澳大利亚、昆士兰、塔斯马尼亚岛、新西兰、开普敦和1890年的西澳大利亚。作为宗主国与殖民地之间的唯一纽带,当外交关系受到影响或殖民大臣的决策与立法互相矛盾时,总督可以行使否决权。加拿大享有有限的缔约权,任何商贸条约都不能将英法国家的利益弃之不顾。总督有权调解维多利亚殖民地上议院和下议院之间的矛盾,但议会可以让殖民者自行解决问题;殖民地总检察长在下议院建议总督不要受殖民者影响,而应通过战争解决问题,争端由此产生。1876年,总督达弗林伯爵弗雷德里克·汉密尔顿在不列颠哥伦比亚发表了演讲,指出时任加拿大总理的亚历山大·麦肯齐应该对自己的政治败笔深感愧疚,建议他引咎辞职,不然达弗林伯爵弗雷德里克·汉密尔

---

[1] 1874年,达弗林伯爵在多伦多对美国、加拿大的政治关系做出分析:加拿大行政权和立法权紧密结合,能够适应英国的制度;加拿大总督有权调解各立法机构、中央与地方的僵化关系,而与美国不同的是,加拿大和其他国家的司法机构均由政府任命,并不依赖形同虚设的普选。加拿大公务员制度随不同党派的更迭而发生变化,实际上,加拿大的选举制更加纯净透明。——原注

弗雷德里克·汉密尔顿（1826—1902）

亚历山大·麦肯齐(1822—1892)

顿将告老还乡。他还指出，只要总督秉持雷厉风行的作风，就能建立比美国更民主的殖民地政府。

英国的官方声明如下[①]：

第五十四条：在设有代表议会的殖民地，法律由总督或女王征得议会和立法委员会同意后制定。未设代表议会的殖民地，其法律由总督征得立法委员会的意见后制定。

第四十八条：殖民地总督对立法机构审核通过的法律拥有否决权。未征得总督许可的法律无效，不具备约束力。

第五十条：征得总督许可的法律条文在规定的时间内即刻生效，有待女王确认暂缓执行的法律除外。英国王室有权废除法律，且自废除之日起失效。

有关社会道德的法律完全隶属于地方法。维多利亚殖民地和新南威尔士最近通过的《离婚法案》为离婚提供了便利。英国王室允许男性续娶亡妻的姊妹，地方法不得干预。此外，重要的商贸事务由殖民地政府管理。

殖民地宪法具有民主性，部分地区的成年男性公民享有选举权，其他地区的户主也享有选举权。开普敦的情况比较特殊，选民的最低收入标准为五十英镑，数量应为二十五万名，但实际选民为八万六千名，多数原住民被排除在外。昆士兰民众为了防止寡头政治，强烈反对劳动力的输入。殖民地宪法保守的一面是，女性的权利仅限于地方机构。

殖民地的议会成员每隔三至五年通过投票选举产生，为了防止财阀垄断议会席位，部分殖民地的议会成员享有固定薪金。

## 十、法　律

殖民地法律涉及属人法和财产法。殖民地最高法院向英国维多利亚

---

[①]　《殖民地规定》是按照殖民大臣的指示编写的殖民地规章制度，每年出版一次。——原注

第 7 章　帝国政府与殖民地政府

女王提出上诉，维多利亚女王可以听取枢密院司法委员会的建议，但不会诉诸法律。殖民地法律与苏格兰法律的建制相同，司法委员会只解决存在争议的法律事务。各殖民地可自行裁决相关事务，如魁北克和毛里求斯遵循法兰西旧律，圭亚那以荷兰法为依据，海峡殖民地的律法则参照了《古兰经》等。

### 十一、国 防

英属殖民地曾依靠英国的力量抵御外侮，但现在它们开始建造船和防御工事，试图通过自己的力量护国佑民。虽然面临被法兰西、德意志侵占的风险，但英属殖民地不想再接受英国的庇护，尤其在海防方面。殖民地总督和公职人员的薪水由殖民地政府发放，英国不再承担其政务开支，也不再承担沉重的国债赋税。1887 年，伦敦召开了以国防为主要议题的帝国会议，并达成了相关协议[①]。

### 十二、代议制政府

如果所有英属殖民地的形态都一样，就可以接受责任制政府的统一管辖。欧洲的移民进程没有受到阻碍，大部分殖民地显现出种族融合的新特点。加拿大各殖民地偶有摩擦，英国与荷兰在开普敦冲突不断，但终将和谐相处。英属殖民地的非欧洲种族在数量上超过了白人居民，因此，殖民地的统治权既不能被白人独占，也不能由原住民和白人共享。远在海外的英国当局只能提供权宜之计。西澳大利亚的原住民寥寥无几，四万名白人掌握着责任制政府。在纳塔尔，四万名欧洲人的地位明显与三十六万祖鲁人和非洲人及三万名来自印度和中国的劳动力不同。具有远见卓识的英国政治家促进了殖民地新型政府的诞生，殖民部官方

---

[①] 1890 年 5 月，查尔斯·迪尔克爵士在皇家殖民研究所指出，英国年均国防总开支为六千万英镑：其中，英国本土三千八百万英镑；印度二千万英镑；其他殖民地二百万英镑。——原注

文件称其为"代议制"①。在代议制政府中，殖民者并不能独揽立法权，总督可以行使否决权，行政权由总督听取其他官员的建议后付诸实施。巴巴多斯是代议制殖民地的典范，其总督、首席大法官、检察长、副检察长、审计长和督察均由殖民大臣任命，多数职务由英国人担任。此外，总督根据喜好提名立法委员会委员，议会议员从十一个殖民地选区选出。由于英国强烈反对交出财政权，殖民地通过议会委任财政大臣。行政机构由部分议会代表，如总督、军队首脑、殖民大臣、检察长和执行委员会等组成，对帝国政府负责。总督直接提名议员、立法委员会代表和四名议会成员，相关财务事宜与行政措施由上述执行委员会发起，帝国政府经常借助否决权横加干涉。普通民众粒米束薪，代议制名不副实。如果就公民选举权的问题向英国议会施压，后果将不得而知。英国面临的实际问题是：第一，政府是否平等地对待每一位公民，如巴巴多斯的一万八千名白人与十六万有色人种。第二，政府管理日趋完善，社会福利得到充分保障，人民能否从中获益。

巴巴多斯、巴哈马群岛、背风群岛、向风群岛、英属圭亚那、百慕大群岛、马耳他和纳塔尔等殖民地的代议制政府虽然别无二致，但各有特点。

### 十三、直辖殖民地

英国政府不信任某些殖民地的白人，也不愿设立形同虚设的政府机构，因此，直接对殖民地实施统治，从而形成了直辖殖民地。直辖殖民地的各军事要塞与海军基地都归英国政府管理，但马耳他是个例外。

---

① 该组织的建立不能归功于政治上的远见卓识。因为直辖殖民地多为战利品，其早期的政府形态多具军事色彩，而且没有足够的能人志士供殖民地政府选拔。社会进步引起了各种错综复杂的变化，若对殖民地因势利导，则颇具先见之明。例如，开普敦虽是割让的土地，却设有责任制政府；而英国早期的殖民地巴巴多斯未设责任制政府。可见，殖民地要么追求自由独立，要么被迫接受保护式的管理。——原注

1887 年，马耳他颁布新宪法，允许成立不完全的代议制政府。还有一些地区是出于军事战略和商业目的考量，如直布罗陀、亚丁、新加坡、纳闽岛、香港、福克兰群岛和圣赫勒拿岛。

为使殖民地人民享有与英国人民同样的权利，英国有责任对殖民地进行直辖。其中，最重要的殖民地有锡兰、牙买加、特立尼达岛、洪都拉斯、毛里求斯、塞拉利昂、黄金海岸、拉各斯和斐济。这些殖民地的委员会成员由总督任命，也可以由殖民大臣提名。少数人民代表或非官方成员可提供建议。总督一般都由能力出众的人担任，只有赢得下属的信服，才能巩固其在唐宁街①的地位。此外，总督每天日理万机，希望使欧洲商人在贸易中获利，并与精明强干者共同促进土著人的社会文明，与欧洲各国共享繁荣。殖民地官员兢兢业业，为人民谋求福祉。英国殖民部事务繁多，需要选贤举能，如选拔总督、提拔官员等。

### 十四、殖民大臣

随着代议制殖民地和直辖殖民地的发展，殖民大臣成为全世界约二十个殖民地的实际统治者。殖民大臣对内阁负责，并与内阁一起对议会负责，其权力形式多样，举足轻重。目前为止，还没有殖民大臣挂冠归去，也没有任何内阁成员因殖民问题遭到议会否决。多年来，殖民事务都由英国内政大臣管理。但受战争影响，1854 年，英国成立了殖民部，将殖民事务移交给了殖民大臣，亨利·乔治·格雷是第一位殖民大臣。殖民部结构完整，人员配备齐全，具体事务分别由政务次官、常务次官和三名助理次官负责。直辖殖民地与代议制殖民地独立运作，官员在各殖民地逐级晋升。英国政府也会任命其他领域的杰出人物担任总督。牙

---

① 唐宁街（Downing Street）位于英国伦敦，建于 17 世纪 80 年代，由乔治·唐宁爵士负责建造。唐宁街十号代表英国首相办公室，而唐宁街十一号是财政大臣及其办公室的代名词。——译者注

买加曾于 1865 年发生暴乱，后由亨利·怀利·诺曼爵士赴牙买加筹建直辖殖民地，取代艾尔总督管辖的责任制政府。

### 十五、保护国

某些殖民地政府的管理制度虽然大明法度，但还不成熟，需要建立临时监管体系。因此，由行政专员负责的保护国应运而生。如 1888 年，新几内亚割让部分土地给英国；非洲东北部的索马里海岸；1890 年的桑给巴尔岛和奔巴岛；霹雳州和马来半岛的小土邦；婆罗洲的沙捞越和文莱，以及零星分布在太平洋上的岛屿。

亨利·怀利·诺曼（1826—1904）

保护国保留了原统治者的权力，但英国的行政专员定居保护国的首都，全权负责外交事务，享有多项内政处理权。

此外，英国还有与其他欧洲国家签署的"保留地"，即位于非洲东部、南部和西部的"势力范围"。

### 十六、附属殖民地

一些附属殖民地的行政专员只对总督负责，不对殖民大臣负责。譬如，亚丁常驻专员听命于孟买总督，丕林岛和索科特拉岛又隶属于亚丁。塞舌尔群岛、诺福克岛和罗图马岛分别隶属于毛里求斯、新南威尔士和斐济。

### 十七、特许公司

在非洲殖民早期,特许公司粗放经营的原则在当地行之有效。这些特许公司效仿东印度公司,通过承担一定的责任谋取特权,如发行货币、限制商贸、招募士兵、养护舰队等。英国的特许公司有1888年建立在蒙巴萨的英国东非公司、1886年建立在阿萨巴的皇家尼日尔公司、1877年建立的英国北婆罗洲公司,其他公司继续推行旧制。德意志帝国除了典型的刚果国际协会,还有德意志东非公司、德意志新几内亚公司和非洲西南部的德意志达马拉兰公司。法兰西也曾尝试建立尼日尔和苏丹公司。

上述特许公司都由大资本家筹建,没有受到社会的广泛关注。然而,如果公开认股册,允许人们认购小额股份,必定会群山四应,促进非洲殖民地的发展。关于"公司制"与东印度公司的辨析,可以参阅亚当·斯密的《国富论》第四篇第七章和约翰·斯图亚特·米尔的《代议制政府》。"公司制"的可取之处在于,帝国政府直接监管企业,严禁殖民政府介入。英国人具有国际视野,用博爱之心滋养着非洲大地,积极促进非洲的发展。特许公司与宗教传教团一样,遵循宪章中的特许原则,积极开展经营活动,将欧洲影响力发扬光大。特许公司通过"实用性、灵活性、自由度、责任心"引起了欧洲诸国对非洲的关注。

## 第 2 节 联邦制

现在,殖民地政府的管理突显出联合管理与分离管理的两大趋势。联合管理主要依靠联盟。治理有方的政府基于地域限制与种族差异,充分利用社会成员的理智和情感进行分离管理。在中央集权的主导下,英国、法兰西第三共和国、西班牙、意大利和德意志帝国先后完成了统一大业。但英国殖民地内部分裂势头强劲,无疑会削弱其国力。责任制政府治理殖民地取得了一定成就，但现行改革无法加强英国国力。英国的发展与德意志帝国、俄国、法兰西第三共和国、美国等国相比，并不占优势。这一现象引人深思：英国一旦受到分裂势力的阻挠，是否依然坚不可摧？

两千多年前，希腊曾实行联邦制。中世纪以来，联邦制获得了关键性成功。英国原本拥有美洲的十三个殖民地，现在已经发展成为拥有三十八个殖民地的联邦国家。在 1861 年到 1865 年的美国南北战争中，联邦军队的胜利举世瞩目。反观英国的社会现状，是否转向联邦制依然存在争议。联邦制继承了分离管理的思想，通过协约、条约或契约实现各区域的联盟，而不是独立个体的联盟。美国的州际联邦依据契约行使主权，英国的联邦认可其成员的相对独立性。

## 第 3 节　邦联制

如果考虑邦联制是否适用于领地分散的大英帝国，就有必要反思英国是否存在独立个体。这些独立的个体联盟，即邦联，与上述联邦不同。邦联制的成功个案早已有之，甚至还有一些邦联方兴未艾。

### 一、加拿大

北美地区人口骤增，促进了殖民地的形成。这不仅是上、下加拿大扩张的结果，也是殖民地与英国之间关系特殊的象征。1867 年，加拿大自治领成立，迈出了邦联的重要一步。除了纽芬兰，加拿大东海岸的殖民地、新斯科舍、爱德华王子岛、新不伦瑞克和不列颠哥伦比亚陆续加入了邦联。英国对邦联的管理方式非常独特，加拿大自治领的各省分设副总督和立法机构，由总督、殖民部和自治领议会协同管理。加拿大太平洋铁路的修建得益于邦联制，而不是联盟，因为加拿大仅靠一己之

美国南北战争——罗伯特·爱德华·李将军向尤里西斯·辛普森·格兰特将军投降,标志着南北战争结束

力不可能迅速建成铁路。加拿大自治领的成就不容置疑，但各地区仍然摩擦不断。譬如，西部各省发展迅猛，下加拿大的法兰西居民负重致远；东海岸各省贪得无厌，认为接受中央财政的拨款理所应当。

### 二、西印度群岛

一些英国政治家判断失误，试图将加拿大自治领的成功经验生搬硬套到其他殖民地。1871年，西印度群岛形成两个邦联：安提瓜岛、圣基茨岛、蒙特塞拉特岛、尼维斯岛、多米尼加和维京群岛合称背风群岛，建立了政府，并任命了总督，各岛理事会和立法机构正常运转；巴巴多斯岛、圣文森特岛、格林纳达岛、圣卢西亚和多巴哥岛合称向风群岛。其中，巴巴多斯岛实力较强，民康物阜，其发展势不可当。该岛曾爆发了一场激烈的"反邦联"运动，不仅设置了独立政府，还退出了向风群岛邦联。牙买加、特立尼达岛和巴哈马群岛都设有独立政府。1889年，特立尼达岛与多巴哥岛合并。背风群岛与向风群岛依旧保留着地方立法机构，但中央集权发展缓慢，并未设立中央立法机构。英属西印度群岛人口总数为一百二十五万人，各岛人口数量与产业结构相差不大，还设有六个独立地方政府，"邦联制"在这里没有获得重大进展。

### 三、南　非

1875年到1877年，卡那封伯爵亨利·赫伯特提议设立南非邦联，但由于局势动荡，这个提议并没有付诸实践。虽然英国人对邦联耳熟能详，但南非各殖民地、共和国和保护国都处在临时筹备阶段，建立邦联的时机还不成熟。加拿大的东西边境没有接受自治领的管辖，但邦联的价值依然毋庸置疑。

第7章 帝国政府与殖民地政府

亨利·赫伯特（1831—1890）

## 四、澳大拉西亚

早期移民坚信澳大利亚是英属殖民地，自己是英国人。1885年，联邦委员会的成立是各殖民地联盟迈出的重要一步，但如果没有得到殖民地立法机构的批准，其决议是无效的。维多利亚、昆士兰、塔斯马尼亚岛和西澳大利亚加入了联邦委员会，新南威尔士、南澳大利亚和新西兰拒绝加入。联邦发展步入正轨，其形式也得到了民众的认同。1890年2月，各殖民地政府代表出席了在墨尔本召开的联邦会议。会议曾致函维多利亚女王，称无论在立法还是行政方面，澳大利亚殖民地都将服从维多利亚女王的统治，尽早组建联邦政府，因为这符合澳大利亚殖民地的利益。

1890年，新南威尔士加入了联邦委员会。乔纳森·爱德华兹就国防事务和中国移民问题发表了公告，指出 1890 年的金融海啸导致自由贸易瘫痪。1891 年 3 月，悉尼会议一致通过了宪法，由此形成"澳大利亚联邦"。除了当前的殖民地立法机构与行政机构，澳大利亚还将设立联邦立法机构与行政机构。联邦立法机构包括由八名州代表组成的参议院和人民选举产生的众议院。总督是英国王室任命的唯一官员，同时兼任海陆军总指挥。联邦行政机构是由七名大臣组建的内阁，对立法机构负责。联邦政府负责邮电法、移民法和婚姻法等事宜，并解决贸易管制与司法上诉问题，且宪法在推行之前必须完成所有修订工作。在 19 世纪末，邦联最终形成，这一点毋庸置疑。

乔纳森·爱德华兹（1703—1758）

## 第 4 节 帝国联邦

联邦维系着宗主国与殖民地的关系,但其实施过程绝不是一件容易的事。帝国联邦的话题屡经热议,后来发展成为一场政治运动。已故的政务次官威廉·爱德华·福斯特一直很关注殖民事务,并领导了这场运动。1884 年,帝国联邦协会成立,成员包括宗主国及殖民地的英国人。该协会的基本原则是:整合公共利益,一致对外,不干涉地方事务,远离英国本土的政党纷争。

**一、参与帝国主权**

英国宪法规定,国王和议会全权处理政务,其他议会代表听命于他们。对殖民地来说,加入联邦意味着提高管理效率,也预示着政治责任的增加。如果殖民地加入联邦只是为了谋求一己私利,那么主权管理的利弊将无从评判。

考虑到上述问题,英属殖民地应该明确其管辖范围。即使还没有建立独立的行政机构,殖民地也可以参与主权管理。作为重要的英属殖民地,印度参与主权管理的提议被否决。直辖殖民地受英国的直接管辖,无权参与管理事务。代议制殖民地的情况也是如此。如果殖民地的立法与行政机构一直受制于英国,且殖民地的官员只对殖民大臣负责,并不为殖民地的发展考虑,那么只能说明该殖民地不具备加入联邦的自治能力。目前,帝国联邦只拥有加拿大、纽芬兰、开普敦和澳大拉西亚等十个成员。如果上述地区与英国达成平等契约关系,它们只要罢免殖民地总督,并拥有独立的外交关系,就可以获得主权独立。

首先,上述殖民地是否已经做好加入帝国联邦的准备,并参与英国的主权管理,以及印度、西印度群岛、香港和其他英属殖民地的管理?这是帝国联邦的作用所在,也是英国人必须谨记的职责。帝国联邦协会

威廉·爱德华·福斯特（1818—1886）

阿奇博尔德·普里姆罗斯（1847—1929）

主席罗斯伯里伯爵阿奇博尔德·普里姆罗斯表示，加入联邦意味着共享领地，但必须履行义务。上述十个殖民地承认自己已经做好准备，但英国是否同意它们共同管理印度和直辖殖民地尚不明确。

其次，英国是否需要殖民地的援助？是否需要殖民地介入帝国的外交事务？这些问题如果不能及时解决，将会出现类似美国的情况。政府最好在提案审议之前征求各方的意见，因为宣战后再寻求帮助往往耗时较长，而且殖民地也应该出于自愿，而不是被英国强迫。

此外，这些殖民地是否做好了与英国并肩作战的准备？是否会坚守承诺效忠英国？一旦俄国和英国交战，墨尔本的港口可能会被洗劫一空，圣劳伦斯也将血流成河。英联邦危机四伏。在这种情况下，殖民地应该自主决定是否参战。

最后，这些殖民地是否对互利互惠的外交关系感兴趣？如果诺曼和布雷顿的渔夫侵占了纽芬兰，新西兰能否施以援手？当然，英国一定会对殖民地伸出援手。昆士兰是否会坚持互不干涉的原则？如果法兰西第三共和国同澳大利亚开战，蒙特利尔和多伦多是否会全力支援澳大利亚？法兰西第三共和国将罪孽深重的犯人送往新喀里多尼亚，并没有考虑这些犯人是否会侵扰澳大利亚的城镇。上述问题都是殖民地加入联邦面临的问题。如果澳大利亚得到英国、加拿大和南非的支持，法兰西第三共和国将不敢再轻举妄动。一方有难，八方支援，联邦各地需要承担相应的责任，与英国共御外侮。如果这些殖民地怀有利己主义，那么只能说明它们还没有做好加入联邦的准备。

英国的国防建设耗资巨大。其中，约 1% 的国民收入，即每英镑中约二点五便士，用于海军开销；约 1.4% 的国民收入，即每英镑中三点五便士，用于陆军开销；超过 2% 的国民收入，即每英镑中的五便士，用于偿还战争债务，这笔费用尚待支付；约 4.4% 的国民收入，即每英镑中的十点五便士，用于警卫开销。殖民地是否会分担这些费用还不清楚，但不能因为债务借口推卸责任。如果财力不足，可以用货物抵债，推迟还款。英国为殖民地提供保护，因此，加拿大实现了自治，法、德也不再对澳大利亚虎视眈眈。英国卷入债务危机时，很多殖民地尚未建立。这些领地一旦被其他国家占领，就不会出现维多利亚、昆士兰等名称。英军多年坚守在殖民地。驻南非英军多为现役军人，驻新西兰军队受命抵御毛利人。殖民地自行负责军事防务，一旦外敌入侵，首先要进行自救，随后才能得到联邦的援助。责任制政府不需要为所有国防事务买单。各殖民地自行负责海务，共享主权，共担责任。这一点与公海防务和公共交通事务明显不同。

参与主权管理不仅意味着享有特权，还意味着要承担责任，各殖民地对此表示赞同。正如达弗林伯爵弗雷德里克·汉密尔顿所言："只要所有殖民地都承认英国至高无上的王权，并履行民事与军事义务，就有权分享英国过去的荣耀与未来的辉煌。"然而，盎格鲁－撒克逊的社会变革注定会导致帝国的分裂，各殖民地参与主权管理的结果将会是大不列颠和爱尔兰继续统治着苏格兰、威尔士、英格兰、印度及其他三十个殖民地。帝国联邦引领这些殖民地和地区共同发展，期望达到欧洲的发展水平。这是殖民地与生俱来的权利，也是联邦的职责所在。

## 二、机 制

各殖民地参与英国的共同治理可能会产生分歧。解决方案有两个：第一，改革英国议会，赋予殖民地代表权；第二，组建新的立法机构。

第一个方案是，英国不再掌控大不列颠及北爱尔兰联合王国的殖民内务，相关事宜交由殖民大臣处理。下议院的六百五十名成员中，有一百五十多人来自殖民地，这将妨碍议会的正常运作，导致立法机构失控。殖民地的立法权有限，因此，应该将殖民地事务与帝国事务区别对待。

第二个方案是，设立帝国立法机构和英格兰立法机构，不保留现有议会。这无疑是一个创新之举，可以促进宪法的诞生。宪法指出，整改议会，并将其设为帝国立法机构，将英国内务交由立法机构管辖。这样一来，可能需要借鉴加拿大和美国的经验，组建新的立法机构。新兴国家容易增设新的机构，但在历史悠久的国家，改良宪法体制还需要一些时日。如德意志帝国的立法机构由来自各邦五十八名代表组建的联邦议会和普选产生的三百九十七名议员组建的帝国议会组成，各王国和公国也设有立法机构。奥匈帝国推行联邦宪法的制定工作。根据1867年的博伊斯特宪法，奥匈帝国在保留原帝国议会的基础上增设新的匈牙利议会，该议会由多名代表组成，轮流在维也纳和佩斯会晤。此外，随着新议会的出现，还需要相应增设三处行政机构，分别对上述三个议会负责。帝国议会和匈牙利议会分管商贸事宜，帝国行政机构分设外交部、国防部与财政部。匈牙利加入关税同盟后受益颇丰，令其他邦国非常失望。克罗地亚－斯拉夫尼亚议会设立了内阁。1871年，波希米亚提议设立内阁，但受到了德意志帝国的阻挠。目前为止，英国的所有国民都是帝国公民，而且国家机制运转良好①。

大英帝国建立帝国立法机构的方案切实可行。英格兰、苏格兰、威尔士和爱尔兰成功实施了自治，因此，英国需要另设帝国立法机构，并承认殖民地宪法。英国自诩是世界上最伟大的民族，务实的英国人认为，作为政府管理的工具，议会代表公共意志，关乎三千五百万民众的福祉，决定着国家形象及其在印度和其他殖民地的职责。因此，议会必须集思广益，尽揽天下贤才。如果议会不再效忠帝国，也就不能选贤举能了。然而，如果任由殖民地实行自治，也会后患无穷。出于对帝国利益的考虑，英国政府应该规避一切风险。

当议会持续下放权力、殖民地逐渐享有主权时，联邦主义者就可以

---

① 路易·莱热《奥匈帝国史》，1889年。——原注

实行真正的自治了。因此，英国必须进行宪法改革，杜绝上述情况的发生。改革后的宪法虽明显优于德意志的新宪法，但依然没有得到英国政治家的青睐。

### 三、临时改革

议会联盟并没有实现，联邦主义者将密切关注宪法能否解决这些突出问题。事实上，许多改革方案切实可行，一些领域的变革也迫在眉睫。譬如以下几个领域：

（一）帝国国防；

（二）通信。包括书信、电报和期刊等各种通信方式，耗资较少；

（三）移民。控制英属殖民地的移民数量；

（四）商法与民法。依据宗主国的法律，可以更好地解决破产问题；

（五）贸易政策。这个问题比较棘手，有人认为，贸易仍大有可为，但有人不以为然。此类问题的讨论已经进入白热化阶段。

作为临时联合体，帝国委员会广泛征求各方意见，推进各项改革。具体的改革措施由总部设在伦敦的各殖民地代表执行。代表可以在殖民部就各自殖民地的事宜自由议政，并随时通过电报与渥太华、墨尔本及其他殖民地保持联系，殖民地委员会由此形成。虽然殖民大臣只对议会负责，但经常征求殖民地委员会的意见。

## 第5节 政治纽带的价值

帝国联邦存在的本质问题是：英国与加拿大、澳大利亚等地区之间的政治纽带有什么价值？显而易见，殖民地与宗主国拥有共同的语言文学、科学教育、社会组织和宗教团体，这些千丝万缕的联系坚若磐石。与德意志帝国等外国元素相比，英国和加拿大、澳大利亚等殖民地的信仰一致。当然，除了血缘联系，还有许多联合管理的优势，这里不再一一列举。

亚当·斯密在《国富论》第四篇第七章中犀利地指出，政府应该对殖民地采取"不干涉"政策。但事实恰好相反，一旦私营企业"崛起"，政府就会介入并垄断商业，从中牟利。西班牙和葡萄牙向来如此，英国对殖民地的垄断程度相对较小。殖民地应该感激伟大的欧洲母亲，因为是欧洲孕育了积极进取的帝国建设者。这些建设者在殖民地实行教育、推行文明。与希腊和罗马不同的是，英国并没有从殖民地获益，铸就金山银山。垄断贸易遭到了亚当·斯密的质疑，旋即黯晦消沉。谈到美洲的议会代表权时，亚当·斯密发表了真知灼见，他说："殖民地与宗主国同舟共济，1776年的冲突过后又和好如初。数世纪以来，殖民地遵循着与英国缔结的贸易条约，无论战争还是贸易都休戚与共，而不是分朋树党、引发暴动。它们是英国披肝沥胆、枝干相持的盟友，像古希腊与其殖民地一样互敬互爱。"

1775年，在"论与美洲的和解"演讲中，埃德蒙·伯克提议美洲殖民地通过国会和法院，实行纳税、贴补、援助和捐赠等政策，英国议会不予干涉。他并不否认议会的权威，但质疑政府为达到目的所使用的手段。他的发言振聋发聩："我之所以支持殖民地，主要是源于一种'本自同根生'的情怀。英国与各殖民地同根同源、平等互利。这些联系虽然像空气一样轻薄，但如铁链一般坚固……不要想当然地认为海关条例、债券、货主保函、海关放行、海关印章和出入港手续是最可靠的商业保障，也不要妄想商务信函、指示和中止条令就能打造商务体系。这些都不是政府的组成要素。英国宪法精神赋予上述商业手段生命力和效力。难道是土地税充实了国库？难道是供应委员会的选举增添了兵力？不！都不是！是人民对政府的信赖和对伟大祖国的热爱培养了陆军与海军。没有人民，陆军就是一群乌合之众，海军也只是风中残烛。"

## 第 7 章　帝国政府与殖民地政府

1887年1月12日，约翰·布赖特曾质疑帝国联邦存在的必要性，说道："我既不参加联邦会议，也不赞同其宗旨。殖民地应该继续依靠宗主国，与宗主国同呼吸共命运。但我认为，通过联邦政治纽带建立的联系不仅难以维持，还会适得其反，导致同室操戈。在法律与关税方面，加拿大、澳大利亚和开普敦与英国互不干涉。英国盲目的外交政策极易使其卷入欧洲列强之间的战争中，殖民地似乎可以坐收渔翁之利，但战争难免会移祸枯桑，最终导致联邦关系剑拔弩张、割席分坐。殖民地宁愿脱离联邦，也不愿意兵戈扰攘，使人民流离失所。如果加拿大和美国出现渔业争端，帝国联邦应该如何应对？无论加拿大是否实行自治，都会满足华盛顿政府提出的要求，从而解决冲突。然而，即使澳大利亚、南非、加拿大和印度组成联邦，结局也依然如此。在我看来，聪明的人都会姑置勿论，而不是漠视历史、一意孤行。英国只有公正对待殖民地，调整外交政策，才能与殖民地建立起长久的友好关系。联邦即使分裂，也有希望通过和平方式解决争端，维护英国的美誉。"

上述观点与埃德蒙·伯克的想法不谋而合。联邦政治纽带并不是和平共处的必要条件，血浓于水的骨肉亲情远胜精心编织的政治纽带，利益冲突和敌对情绪反而会使其失去价值。

需要强调的是，约翰·布赖特描述的并不是帝国的"应然"，而是"实然"。他指出，英国与殖民地互不干涉，不需要强化联邦理念。他还谴责了新南威尔士驻军苏丹的行为，指出这不仅违背了和平原则，也对殖民地毫无益处。这种"不依赖联邦政治纽带"的主张虽然具有局限性，但与亚当·斯密和埃德蒙·伯克的观点一脉相承。

政治对经济的影响不容忽视。殖民地的商贸活动并不取决于总督的个人行为，而是受到政治方向的指引。详见第八章。

曾担任牙买加、维多利亚、开普敦总督的亨利·巴克利指出："大英帝国保护殖民地免受欧洲列强的侵扰。英国承认殖民地学生的大学文

桑德赫斯特皇家军事学院

凭,为年轻人提供公务员岗位和军队服役的机会。殖民地学生经过双重考核后,才能被桑德赫斯特皇家军事学院录取,并享受军队补贴。"对加拿大和澳大利亚殖民地的青年来说,能与英国青年共享就业机会是一种荣耀。这些青年要么在英国军队服役,流芳百世;要么为社会服务,名垂青史。

目前的时局并不稳定。殖民地人口激增,与英国的血脉关系日趋紧密。在具有本土情怀的殖民者心中,英国仅是"异国他邦",而不是"心灵之乡"。早期殖民者的家国情怀已经淡化,因此,英国政府应该基于自愿原则重建联邦。

## 第 6 节 社会荣誉的联系

如果想了解英国的宪法,就需要区分实权和政治的影响力。沃尔

## 第7章 帝国政府与殖民地政府

特·白芝浩的《英国宪制》明确指出,英国王室协助政府有效运作,这是"尊严与荣耀之源"。近年来,英国女王经常出现在其诞辰或新年典礼中,为印度和其他殖民地的官员授勋。枢密院曾数次对历任总督与总理授勋。"圣米迦勒及圣乔治"勋章主要授予为殖民地事务做出贡献的官员,包括殖民地高官、主要公职人员,以及其他下级勋位爵士。1861年设立的"印度之星"勋章和1878年设立的"印度帝国"勋章分别授予印度官员或在印度事务方面具有突出贡献的人。1878年设立的"印度皇冠"勋章仅授予英国王室的女性亲属、印度公主及高官妻女。虽然一些人无视荣誉、淡漠礼制,但这些维多利亚女王执政时期负重涉远的

沃尔特·白芝浩(1826—1877)

杰出人士依然令人心生敬佩。正如英格兰女王伊丽莎白一世时期的沃尔特·雷利、汉弗莱·吉尔伯特和弗朗西斯·德雷克等航海家，其鼓舞人心的骑士精神无不令英国民众，乃至伊丽莎白一世心悦诚服。

依据政治地位划分的殖民地及总督薪资一览表

| 责任制政府 | 代议制政府 | 直辖殖民地 | 附属殖民地 | 特许公司 | 保护国 | 特殊属地 | 势力范围 |
|---|---|---|---|---|---|---|---|
| 加拿大自治领 总督薪究：一万英镑 | 巴哈马群岛 总督薪究：三千英镑 | 锡兰 | 亚丁的丕林岛 | 英国北婆罗洲公司 | 尼日尔 | 埃及 | 非洲各地区 |
| 纽芬兰 | | 海峡殖民地 | 毛里求斯的塞舌尔群岛 | 英国东非公司 | 新几内亚 | 塞浦路斯 | |
| 新南威尔士 总督薪究：七千英镑 | | 毛里求斯 | | 英国南非公司 | 马来半岛近岸水域 | 桑给巴尔岛 | |
| 维多利亚 总督薪究：一万英镑 | | 香港 | 背风群岛 | | | | |
| 南澳大利亚 总督薪究：七千英镑 | | 斐济 | 向风群岛 | | | | |
| 塔斯马尼亚岛 | | 纳塔尔 总督薪究：四千英镑 | 毛里求斯的查戈斯 | | | | |
| 昆士兰 总督薪究：五千英镑 | | 特立尼达岛 总督薪究：六千英镑 | 毛里求斯的石油群岛 | | | | |
| 西澳大利亚 | | 牙买加 总督薪究：四千英镑 | 牙买加的特克斯群岛 | | | | |
| 新西兰 总督薪究：七千五百英镑 | | 拉各斯 | 特立尼达岛的多巴哥岛 | | | | |
| 好望角 | | 黄金海岸 总督薪究：三千五百英镑 | 福兰克群岛的南乔治亚岛 | | | | |
| | | 冈比亚 | 开普敦的巴苏陀兰 | | | | |
| | | 洪都拉斯 总督薪究：一千八百英镑 | 开普敦的英属贝专纳 | | | | |
| | | 圣赫勒拿 总督薪究：一千英镑 | | | | | |
| | | 直布罗陀（军事基地） | | | | | |
| | | 阿森松（海事基地） 总督薪究：九百英镑 | | | | | |

# 第 8 章

贸易政策与殖民地财富的积累

熟悉殖民事务的人认为,贸易的核心是生财与易金。在英国国内,常常会有人问:"殖民地到底有什么作用?"即殖民地对国家的财富积累有何助益?与此同时,殖民者也在质疑:"宗主国有什么作用?"诚然,大英帝国遍布世界的殖民地、文明的推广、宗教和道德观念的传播,都足以激发殖民者成就一番事业的热情,但这也许有点理想化。考虑到英国的历史与未来的外交政策,人们想知道英国和殖民地如何积累财富,以及如何使殖民利益根深叶茂。虽然这些质疑过于直接,但宗主国的首要任务依然是在殖民地攫取财富。此外,社会名流和民间组织进行的宗教活动已经上升至国家层面,深刻影响了英国对殖民地的态度及外交政策。

亚当·斯密在其扛鼎之作《国富论》第四卷的"殖民地"一章中指出:欧洲各国在美洲和西印度群岛的殖民扩张与古希腊或古罗马的建立不同。希腊的殖民统治体现在独特的移民政策上,罗马的殖民统治重在移民政策与军事征伐的结合。虽然上述殖民手段在欧洲各殖民地都行之有效,但仅仅是亚当·斯密著书立说的一己之见,并不是英国建立殖民地的唯一动机。亚当·斯密还提到,葡萄牙的本意不在殖民,而是效仿威尼斯交能易作、发家致富。西班牙对美洲的开发源于偶然发现的金银矿山，以及墨西哥和秘鲁的矿产资源。英国、荷兰、法兰西三国加入对黄金和东方财富的追逐游戏，试图在最繁华的美洲殖民中心攫取利益。

无论各国的殖民动机是什么，都需要考虑以下几个问题：欧洲的扩张、产业中心的兴起、殖民地财富的积累、欧洲五大列强的利益交织。

### 第1节 经济快速发展的原因

政治经济学家可以抽取一些在殖民发展史中经济繁荣、组织有序的样例进行研究。历史不断重演，人类的财富创造力令人惊讶，以前的蛮

## 第 8 章 贸易政策与殖民地财富的积累

荒之地成为人类的宜居之所,河流、盆地和海岸成为城市、城镇、村庄和农场,这一切都被载入史册。锡拉库扎、阿格里真托、他林敦和以弗所的发展速度赶超了英国的众多城市。迦太基人烟浩穰,其影响力已经超过提尔。英国殖民地发展迅速,譬如,墨尔本虽然只拥有四十年历史,但比拥有六百年历史的布里斯托尔更繁荣;多伦多一百年前只是一座小村庄,现在却比古老沉寂的诺威奇和诺丁汉更兴旺昌盛;赫尔港虽然物产丰富,颇负盛名,而且皇家山附近的建筑与码头替代了曾经的印第安小木屋,但整体经济依然不及蒙特利尔;费城的发展突飞猛进,追赶利物浦、曼彻斯特和兰开夏郡;芝加哥超越了苏格兰的格拉斯哥;与巴黎旗鼓相当的纽约令威尼斯、阿姆斯特丹、柏林和维也纳望尘莫及,并有

多伦多

芝加哥

格拉斯哥

望在 1920 年超越伦敦。英国大规模的政治经济活动为产业发展提供了广阔的自由空间。亚当·斯密将新殖民地迅速发展的原因总结为"百亩良田、严苛律法、秩序井然、艺术蓬勃"。促进殖民地发展的主要因素如下：

（一）"百亩良田"。加拿大的麦田与森林、澳大利亚和开普敦的牧羊农场、维多利亚殖民地的累累金矿和西印度群岛的甘蔗园。这些土地都掌握在英格兰、威尔士和苏格兰手中，爱尔兰人只能为其打工。

（二）"土地的自由利用及产品转型"。财富的积累受到已有资产和持有者的影响。经济学中所谓"不见成效的"土地消费者所有权和抵押权微不足道。殖民地发展早期，种植园主主导了生产的整个过程，并将积累的大笔财富用于雇佣劳动力。日渐积累的财富使种植园主迅速脱

澳大利亚绵羊养殖业，工人在给绵羊冲洗

离了工薪阶层，成为雇主。殖民地的人口增长既源于本土的生息繁衍，也得到外来移民的补充。

（三）"垄断产品的生产"。作为弗吉尼亚摇钱树的烟草业无法在欧洲发展。羊毛产业虽然已经落户欧洲，但产量远不及澳大利亚。烟草和羊毛都属于垄断产品。1884年，加拿大出口总额为七千六百万美元，其中包括二十一种林产品、四十种农产品和八种海产品。维多利亚殖民地的出口额总计一千六百万英镑，其中羊毛织品为六百万英镑，黄金为四百万英镑。

（四）"国内贷款"。美洲殖民初期，移民或自筹资金，或由公司提供资金，或贷款。对美洲和澳大利亚的殖民地来说，英国能否提供资金是第一要务。随着银行和股份公司的蓬勃发展，英国的资金流

弗吉尼亚工厂的女工正在生产香烟

通越来越顺畅。譬如，在 19 世纪四五十年代，新西兰移民的贷款利率分别为 20% 和 15%。现在，银行信托和银团的贷款利率分别降为 6% 和 5%，而地方议会和市政当局的贷款利率为 4%。只要殖民地发展稳定，殖民者就可以轻松贷款三十年，从而发展有前景的产业。阿尔弗雷德·马歇尔认为，大英帝国的蓬勃发展受益于"交易不是以物易物，而是承诺未来以极高的利率将新资产抵押给旧市场，从而使巨额资金流通到新国家"①。

（五）"成年移民"。大英帝国对移民进行教化，但其他宗主国却对此置若罔闻。据统计，一位英国人从出生到二十一岁，其抚养费用为一百七十五英镑。三十年间，英国将十万移民输送到了澳大利亚，总价值为一亿七千五百万英镑。

（六）"技能和知识储备"。数百年来，殖民者掌控着欧洲大陆的艺术和科学发展。

（七）"机器发明和工具制造"。伯明翰和谢菲尔德的机器与工具随处可购，而且一应俱全。

（八）"制造业和贸易"。殖民者在新大陆充分发挥各自的优势，积极拓展市场，发展商业贸易。

此外，亚当·斯密在《法律、秩序和政府》一书中补充道："从属关系的惯习体现在新国家的政治、法律和司法方面。"然而，如果没有黑斯廷斯战役、班诺克本战役、玫瑰之战、纳斯比战役、克雷西战役、西班牙无敌舰队、布伦海姆战役与丰特努瓦战役，就不会有伫立的城堡，以及男爵与侍从、骑士与自由人。所有封建制度一贯如此，历史也总是一去不返。印第安人和毛利人暂时不会对英属殖民地构成威胁，但有必要对澳大利亚殖民者进行规训。

---

① 阿尔弗雷德·马歇尔，《经济学原理》，第 713 页。——原注

只有全面考虑这些因素，才能从不同角度解释殖民地的发展问题，尤其是澳大利亚殖民地①。

## 第2节 殖民地的产业进程

殖民地的产业进程并不复杂。殖民者投身农业生活，生产人类生活所需的原材料。热带和亚热带殖民地市场广阔，提供了满足欧洲需求的特殊产品，如弗吉尼亚的烟草，以及牙买加的糖料、朗姆酒和糖。这些产品需求量大，而且利润丰厚。香料、咖啡、可可粉和茶逐渐成为欧洲人每日膳食的必需品。加拿大为英格兰提供木材，羊毛替代了布料，玉米、绵羊、牛、鱼供不应求。大自然慷慨地为人类馈赠了生活原料，而且这些原料不需要二次加工，一场变革应运而生。

英国的产业进程虽然与殖民地的发展方向不同，但效果显著。由于殖民地生产的生活资料充足，英国开始缩减农业规模，自由发展手工业与商贸。其显著优势主要体现在以下几个方面：

（一）煤铁供应经济且方便；

（二）气候条件适宜纺织业的发展；

（三）航海条件得天独厚；

（四）纺织、纺纱机器的发明和蒸汽机的应用具有科学性与实用性；

（五）满足需求的产业与商贸组织。

18世纪末，英国停止出口玉米，并以羊毛、棉花和亚麻制品引领海上贸易，其船队规模占据了世界船队的半壁江山。

---

① 上述分析可以在阿尔弗雷德·马歇尔1890年出版的《经济学原理》第251页中找到相关论述。阿尔弗雷德·马歇尔通过全面简洁的论述指出："数世纪以来，殖民地总能以旺盛的精力赶超宗主国。这源于殖民地广袤的土地、物美价廉的商品、探险活动的自然选择，以及不同种族间的心理联系，但更重要的是，殖民者渴望改变生活方式以寻求自由。"——原注

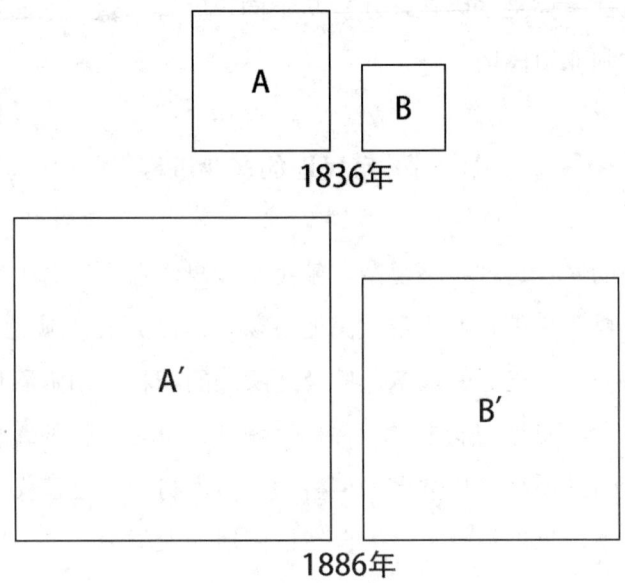

大英帝国五十年的贸易增长图
A 代表 1836 年英国的贸易
B 代表 1836 年殖民地（公司）的贸易
A' 代表 1886 年英国的贸易
B' 代表 1886 年殖民地（公司）的贸易

  英国同各殖民地贸易关系紧密，贸易总额达四亿两千九百万美元。1880 年到 1883 年，各殖民地的平均贸易额为一亿九千九百万美元。但如果考虑到路途遥远、交通不便，以及竞争激烈、产品淘汰等因素的影响，英国的总贸易额为七亿一千五百万美元，约为殖民地贸易额一亿八千六百万美元的四倍。法兰西第三共和国的贸易总额为四亿两千五百万美元，法属殖民地的贸易额为两千一百万美元，约占总贸易额的二十分之一。荷兰和法兰西的情况相差无几。西班牙殖民地的贸易额占其贸易总额的十分之一，葡萄牙殖民地贸易额占其贸易总额的五十分之一。

第8章　贸易政策与殖民地财富的积累

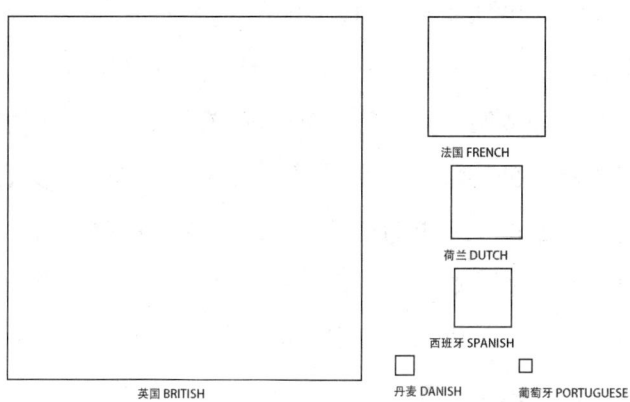

欧洲各国与殖民地的贸易（1880年到1882年平均值）
（源自1884年的罗森统计协会数据）

## 第3节　贸易政策垄断时期

欧洲各国纷纷为殖民地制定了贸易政策，通过各种手段掠夺殖民地的财富。西班牙的殖民活动卓有成效，为王室赚得了巨额财富；美洲各殖民地情形迥异；葡萄牙对巴西漠然置之。亚当·斯密曾尖锐地指出，西班牙殖民地并未因获得宗主国的过多关注而迅速发展，葡萄牙殖民地也未因被宗主国忽视而走向衰败，因此，宗主国对殖民地关注与否并不影响其发展进程。如果瑞典重视自己的殖民地，其发展前景可能比现在更好。法属圣多明戈并不承认法兰西政府，无须殖民保护依然可以欣欣向荣。

英国的殖民事业步入稳定期，开始在美洲和西印度殖民地实施并不彻底的贸易垄断。西班牙将贸易限制在位于美洲的韦拉克鲁斯和迦太基港，以及西班牙的加的斯和塞维利亚港，英国不像西班牙那么狭隘，也不像丹麦、葡萄牙和法兰西那样，将殖民地交给贸易特许公司管理。法兰西效仿英国，对殖民地与宗主国之间的贸易建章立制，只规定部分商品的自由买卖。与此同时，东印度公司垄断了东方贸易。

垄断产品可以分成两大类。第一类是《航海法案》规定的产品，如本国无法生产的糖、蜜、咖啡、烟草、生姜、棉花、皮毛、染色木材等，以及本国可以生产但供不应求的猪肉、木材、铁、焦油、松节油、兽皮和毛皮等。前一类产品可通过直接拨款低价购买，后一类产品则被禁止从国外竞争对手处购买，因为现行政策必须把握的要点是"多出口，少进口"，以此维持"贸易平衡"。

第二类产品可以通过英国或殖民地船出口到他国，包括谷物、木材、食盐和鱼类，以及1731年后新增的糖和朗姆酒。

在美洲和西印度群岛，殖民地实行自由贸易政策。

此外，英属殖民地的购买范围也受到了限制。为进一步加强殖民地对英国市场的依赖，英国政府禁止在殖民地建立工厂，除了诸如将木材制成桅杆和帆桁的简单生产，即使是为了满足本地消费，殖民地也不能提炼糖料、铸造钢铁。邻里之间互纺互织，羊皮制品不得自由运输。

亚当·斯密认为，上述规定有失偏颇，而且对殖民地的影响微乎其微。主要原因是：第一，殖民者开发土地资源，利用奴隶进行初级加工生产，促进了殖民地的繁荣兴旺；第二，英国本土市场优势显著，进口商品关税高于殖民地商品，糖、铁、烟草业也因此打开了市场。此外，政府还对生丝、麻、亚麻、颜料、建筑木材和海军合作社的产品给予补贴；第三，英国对舶来品加收入境关税，如果消费者在马萨诸塞购物免税，在约克郡或苏格兰就必须支付关税。

直到1776年，人为规定并没有彻底改变殖民地产业的发展现状。对殖民地来说，英国的商品物美价廉，而且运输服务高效便捷，贸易市场首屈一指。这反映出当时的政治经济是由商人主导，利润为先、贸易方可平衡，也揭示出商业政策缺乏科学理论的指导。1776年，英格兰的商业政策受到两次重创，《国富论》对该政策进行了批判。十三个殖民地颁布的《独立宣言》使英国的殖民贸易功亏一篑[①]。

## 第4节 自由贸易

1846年，《国富论》出版七十年后，英属殖民地兴起自由贸易运动，试图摆脱英国政府的宏观调控。此外，商品买贱卖贵的交易方式奠定了未来企业的自然基础。

自由贸易发展呈现出阶段性特征。威廉·皮特认同亚当·斯密的理论，采取措施加强海关商贸。1820年，商人阶层敏锐地察觉到了利益所在，提交了著名的《伦敦请愿书》，表示支持自由贸易，反对税收制度。爱丁堡商会也发起请愿活动，宗旨与《伦敦请愿书》大同小异。

---

① 亚当·史斯密详细论述了本土产业受到殖民贸易垄断的影响。与其他殖民国家相比，英国相对获利较多。但毫无疑问，如果没有殖民贸易的垄断，情况会更好。垄断导致英国国内外贸易资金流失，在其他市场也处于不利地位。这种间接贸易无法有效利用资本。自由贸易会使英国受益，但强行垄断也没有丝毫益处。

对政治经济学家来说，如果要谈及拥有最高权力的贸易公司，就必须涉及最大利益。过去的产业组织相互合并，公司与个人形成了"辛迪加（Syndicates）"，以吸引主要的消费生产，如铜业与"辛迪加"盐业等。在早期殖民时代，大公司的运转方式颇具启发性。辛迪加自愿组织无法击垮私人企业，进行像瑞典和丹麦这样的公司形式，从而通过特权和安全吸引股东进行竞争。如果贸易不受限制，资本充足的富裕国家会派遣更多船。瑞典和挪威进行殖民贸易的方式一点儿也不明智，它们最好从荷兰购买东印度的产品。东印度公司的野蛮政策导致供大于求，商品价格低廉，它不得不限制产量。将东印度公司视为国家机构的行为犯有严重的渎职罪，该公司依据利润预算调控鸦片和大米产量，这种做法完全不适宜主权国家，只是为了股东的利益。

英国的殖民和贸易不需要特权公司，因此，这些公司仅在美洲昙花一现。东印度公司历史悠久，但其特权被逐年剥离。1793年，更新的宪章阐明了垄断对贸易的影响。1813年，印度开放了贸易，私营贸易随即超过了公司贸易（四百二十万八千英镑）。

在荒无人烟的加拿大北部和西部地区，皮毛贸易依据公司的计划进行。多年来，哈德孙湾公司拥有特权和利益，随着土地所有权的没收，该公司的管辖地也被收回，如1858年的英国哥伦比亚公司。1868年，该公司的所有领土管辖权被收回，但保留了贸易特权。——原注

漫画《独立宣言》：山姆大叔看着年轻的乔治·华盛顿（美国）把约翰·布尔（英国）踢出"美国"

签署《独立宣言》

在政治经济学家和商人的双重施压下,政治家不得不采取行动。《航海法案》放宽了对各国商贸的限制。1830 年,利物浦和曼彻斯特铁路公司开业前,威廉·赫斯基森极力提倡对进口棉花、羊毛、亚麻、丝绸、皮革和铁制品征收保护税。1842 年,罗伯特·皮尔支持理查德·科布登和约翰·布赖特发起的反《谷物法》运动,并于 1846 年解散了反谷物法同盟。两百年来,《航海法案》一直帮助英国发展商贸。1850 年,该法案被废除,沉寂在历史的洪流中。

英国继续实施自由贸易政策,并授权殖民地政府进行管理。然而,殖民地的政治自由成了欺骗与干扰的手段及产业和贸易发展的屏障。英国逐渐取消了商品限制,鼓励殖民地进行自由商品交易。责任制政府一

威廉·赫斯基森(1770—1830)

## 第8章　贸易政策与殖民地财富的积累

罗伯特·皮尔（1788—1850）

旦经宪法授权，就可以将贸易管制纳入帝国事务中。然而，英属加拿大和澳大利亚殖民地刚开始实施新宪法，就遇上了自由贸易的热潮。英国自由贸易的胜利一开始就赢得了全世界的认同。唯有瞻前顾后的人依然有所顾忌，质疑是否有必要让所有国家共同迈入自由贸易时代。这些人与受益于帝国发展的罗马领事一样，矢口否认帝国的成功。1846年到1880年，英国政府打算将商贸活动作为地方性事务交给殖民地政府管理。然而，美国和英属殖民地断然拒绝了这一计划，仍然期待受到英国政府的保护和产业引导。

英属各殖民地都征收关税。维多利亚殖民地和加拿大反对贸易保护，关税税率为5%。新西兰、南澳大利亚、昆士兰和开普敦对此举棋不定。新西兰和昆士兰最终将关税税率定为7.5%，新南威尔士采取了自由贸易政策。1880 年,自由贸易风光不再,新西兰与昆士兰日渐式微,开普敦瞻前顾后。作为自由贸易唯一的堡垒,新南威尔士也并不是一呼百应①。新西兰作家威廉·吉斯伯恩在《新西兰殖民地》中提到,征税是对殖民者实行的保护政策。据说,加拿大和维多利亚人的劳动报酬往往低于传统的钢琴手工制作师。事实上,为了"保护"钢琴制造业,加拿大对英国本土和国外钢琴征收五英镑关税,维多利亚征收 25% 的关税,

新西兰作家威廉·吉斯伯恩(1825—1898)

---

① 1889 年的大选中,自由贸易者赢得了七十一个议会席位,贸易保护主义者赢得了六十个议会席位。参加大选的四十一位代表中只有五位是自由贸易者。在 1891 年 3 月的联邦会议上,维多利亚殖民地掀起反对澳大利亚内部自由贸易的运动,在很大程度上影响了澳大利亚商会的态度。——原注

开普敦则征收 15%，昆士兰和新西兰增加了 5% 的关税，只有新南威尔士免税。纵览 1886 年的印度及其他英属殖民地，数百万英亩良田无人耕种，服装业、袜业、机器及台球桌产业方兴未艾。维多利亚殖民地的民主宪政有助于手工业阶层摆脱政府管制，发展手工业。进口钟表、农具和车辆、丝绸制品、煤炭等均要缴纳 20% 关税，药品、服装制品缴纳 25% 的关税。鉴于维多利亚在商业活动中得到的丰厚回报，"艺术品免征关税"的规定让商人们获利不少①。

英国控制了殖民地的商业贸易，阻碍了代议制殖民地和直辖殖民地自由贸易的发展，作为税收支柱的关税也受其影响。英国议会必须决定是否对印度的棉花产业实施保护，使其免受兰开夏郡自由贸易的影响。英国不需要考虑印度的需求，也不用决定是否在某些殖民地实施自由贸易。殖民关系在某种程度上限制了殖民政府的行动，以及殖民地与外国、殖民地之间的贸易洽谈合作。目前，这种限制正在消失。英国严禁西印度群岛与美国、加拿大单独缔约。令西印度群岛更加不满的是，英国政府规定任何殖民地都不得擅自与外国缔约，而且缔约对象仅限于某些特定国家或与其在制造业市场不存在竞争关系的国家。

## 第 5 节　商业联盟

大英帝国不再团结一心，国内的社会状况也不容乐观。专制统治落

---

① 各殖民地征收关税的具体情况如下：

| | 加拿大 | 维多利亚 | 开普敦 | 昆士兰 | 新南威尔士 |
|---|---|---|---|---|---|
| 农业工具 | 35% | 20% | 10% | 5% | 免税 |
| 皮革制品 | 25% | 1 先令到 2 先令 | 3 美元到 8 美元 | 5% | 免税 |
| 地毯 | 25% | 20% | 15% | 5% | 免税 |
| 竖式小钢琴 / 每架 | 30 美元 | 25% | 15% | 5% | 免税 |
| 大钢琴 / 每架 | 50 美元、15% | 25% | 15% | 5% | 免税 |

——原注

下帷幕,但统一的商业联盟依然难以建立,无法像稳固的奥匈帝国那样,将商业联盟作为国家事务予以解决,最终建立关税同盟。基于商业目的,部分或全部欧洲国家都可以组成商业联盟。英国与各殖民地,以及各殖民地之间的所有关税将被取消,取而代之的是对外国商品征收单一关税。人们普遍认为,这一政策不切实际,建议英国及其殖民地在关税方面互惠互利。但英国实施了倾向性政策,如对美国小麦征收薄税,对印度、加拿大小麦免税,对法兰西的葡萄酒征收重税,降低澳大利亚葡萄酒的关税,对德意志帝国的糖料征收关税,对西印度群岛的糖料免税。种族情感和政治纽带影响了国家凝聚力。譬如,帝国主义者比较喜欢"热爱家园""老家"等字眼。商业联盟降低了关税,减轻了人民的压力,从而形成单一的产业组织。虽然英国处在不利地位,但苏丹代表乐观地表示,英国与殖民地在商贸市场上依然互惠互利。

大英帝国的商业联盟需要考虑以下几个问题:

(一) 优　势

1. 商业联盟体现出无形的宪法精神,扩大了英国对各国议会的影响。

2. 英国对外增加关税,并降低殖民地的关税,自由贸易由此盛行。英国仅免除新南威尔士的关税,目前尚无迹象表明其是否放弃关税保护。如果其他国家不遵从商业规则,英国将迫使其践行诺言,世界范围的自由贸易会日趋扩大。英国的成败对自由贸易来说也是经验教训,因为它迫使其他国家审时度势,考虑是否继续屏蔽英国及其殖民地市场。

(二) 困　难

1. 商业联盟的成立必定会引起其他国家的敌对与抵抗。1860年起,英国外交局势骤变,在国外征收的关税总额远低于产业苛税。在某种程度上,敌对情绪将对英国构成威胁。可以想象,加拿大购买英国的特许商品以取代美国商品,美国一定不会坐视不理。如果英国禁止西印度群岛和圭亚那与美国和南美洲共和国进行贸易往来，美国可能会坚决反对，因为这些贸易占贸易总额的三分之二。

2. 工商阶层对英国采取纯粹的自由贸易政策表示赞同，并视其为一场精神与社会的胜利，其意义堪比奴隶制的废除。世界终将接受自由贸易，英国也会一如既往地坚持这一政策。

3. 大部分殖民者以政治经济学家的观点为佐证，认为殖民地在一定发展阶段仍然需要宗主国的贸易保护。自由贸易的拥护者亚当·斯密和约翰·斯图亚特·米尔等认为，殖民地申请贸易保护是明智之举。政治经济学权威阿尔弗雷德·马歇尔和亨利·西奇威克对此深以为然。殖民地坚决反对自由贸易，认为这一政策会导致廉价劳动力与生活窘迫的印度人之间的竞争。

4. 殖民地人口众多，只有对进口货物征收关税，才能增加收入。对英国货物征收的关税比例较大，一般不会大幅降低关税。售卖土地、建设铁路与征收关税成为新兴殖民地的主要收益来源；售卖土地的收益具有资本性质；铁路收入可以产生商业回报，用以支付政务开支和债务利息；海关收入则构成税收主体。

## 第 6 节　商业联合会

加拿大自治领的商业联合会运转正常，澳大利亚也想建立商业联合会，而南非早已先行一步。1890 年，奥兰治自由邦加入开普敦殖民地的关税联盟。在针对斯威士兰问题的谈判中，有人提出了"德兰士瓦加入商业联合会"的条件。一些高级专员认为，英属贝专纳和纳塔尔也应该加入联合会。政治联盟失败之际往往是商业联合形成之时。

## 第 7 节 贸易与政治

现在流行的一句话是"政治方向主导贸易活动",从中可以看出政治纽带的重要性,数据统计也印证了这一点。

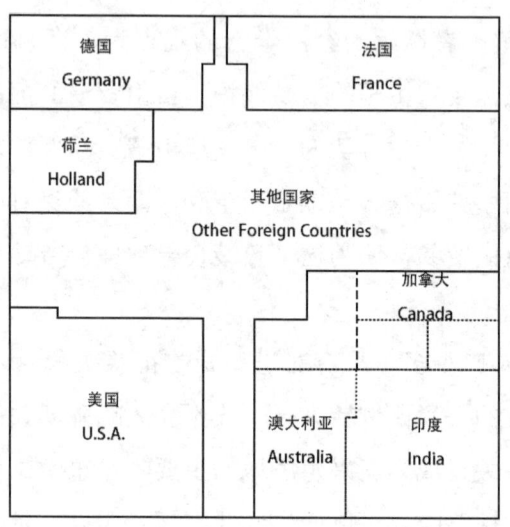

英国(UK)贸易分布(1866 年到 1884 年的平均数)
图表来源:法拉,《自由贸易》表七

以 1884 年为例,英国与德意志帝国、法兰西第三共和国、美国的人均贸易额分别为二十四先令、三十五先令和四十七先令。但英国与英属北美、南非和澳大利亚殖民地的人均贸易额高达一百六十八先令,发展速度令人震惊。

产生上述现象的原因可能是贸易全球化时代还没有到来,或最佳买卖市场还没有出现。显而易见的是,政治方向引导人们攫取财富。然而,各国的社会环境不同,人们的需求也不同,因此,应该根据人们的消费需求生产商品。但这些具有国别差异的商品并不是贸易主体,纱线和棉布、石油和煤炭、羊毛和黄金才是兼具国际特点的商品。这种观点完美解释了美国的问题，但无法阐释殖民地人均贸易额产生的原因。无论是政治体制还是立法机制，都无法改变美国的社会基础与生活习惯。因此，不能将美国问题与其他英属殖民地问题一概而论。

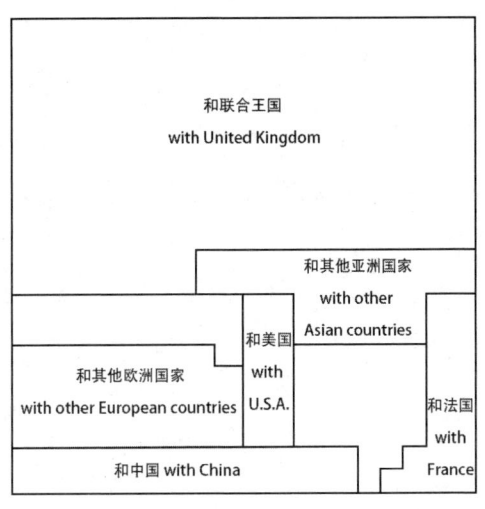

印度贸易分布

想要探究政治与贸易之间的关系，首先必须了解商业的本质。政治赋予社会以诚信，继而促进国家繁荣与资本流通，并决定着现代贸易的发展方向。由于英国的立法机构对殖民地实施了贸易保护，英国资本呈现井喷态势。虽然殖民部的权威遭到质疑，但英属殖民地仍然与英国血脉相连。劳动力在殖民地毫无优势可言，但少量资本依然可以通过极高的利率流通。出于帝国情结，英国对殖民地的证券业非常感兴趣，从而增加了证券业的信用度。

不久前，中美、南美各殖民地明目张胆地骗取贷款，英国股票持有者必须用高利率偿还西班牙、土耳其和埃及的债务。因此，英国的大量闲散资金外流,对投资者造成了致命打击。在信贷市场,殖民政府与英国政府地位平等,资本借贷决定了贸易流通,借出去的资本不是黄金和钞票,而是购买力。殖民者随意购买自己喜欢的商品,却无力偿还贷款。英国通过船队运输商品,进行出口贸易,并形成了以伦敦为中心的帝国银行体系。各殖民地除了在伦敦设有分行,非洲银行、澳大拉西亚银行、新西兰银行、英属哥伦比亚银行的总部也设在伦敦。许多投资公司为殖民地企业提供方便且安全的贷款。政治对劳动力的影响并不大。只有具备了帝国特质,商业联盟才能步入国际化行列。英国政治地位的降低对殖民地的财政与贸易产生了深远影响,甚至是灭顶之灾。

# 第 9 章

劳动力供给与殖民地经济

欧洲文明高速发展，产业活动生机勃勃，大自然的回馈也越来越多。人类的需求日趋增多，国家财富随之积累。中国和日本借鉴了欧洲的产业发展模式，产业发展日臻成熟，欧洲却无法对其进行干预。然而，印度的情形与这些国家都不同。随着欧洲的殖民扩张，印度的殖民区域多在落后民族聚居的地方或人烟稀少的深山大泽。无论印度的殖民落脚点在哪里，文明的发展都会刺激社会对劳动力的需求。

英国人在温带地区从事的产业活动非常多，但无法承受热带地区的重体力劳动，只能提供资金或施以管理。欧洲早期的殖民活动主要集中在热带和亚热带地区，随后逐渐将重心转移到了温带地区。

为了满足殖民地对劳动力的需求，欧洲殖民地在不同时期采取了以下五种政策：

### 第 1 节 雇佣原住民

西班牙采取了雇佣原住民的方式。为攫取财富，西班牙强迫原住民弃农从矿，甚至残忍迫害他们。很多原住民因劳累过度死亡。西班牙在巴哈马群岛大开杀戒，仅有十六人幸存，牙买加原住民无一幸免。一些重要的殖民地人口稠密，无法施行种族灭绝政策，只能采取压榨或剥削的措施。英国殖民者往往会采取比较温和的方式。西印度群岛的原住民非常少，英国殖民者征服了当地的印第安部落，将其驯化为奴。毛利人和澳大利亚土著难以教化，非洲祖鲁人和卡菲尔人被驯服成了苦役，霍屯督人和布须曼人没有太大用处。西属与葡属殖民地的原住民更容易融入当地产业生活。墨西哥和南美的主要人口是印第安人和混血人种。英国人对日耳曼血统心存敬畏，阻碍了种族融合。因此，英国殖民地的混血人种并不多。无论采取一夫多妻制，还是像卡罗来纳种植园家庭那样引进家奴，"家"的概念都无法得到升华。生活在破瓦残垣，常被鞭笞的农工，即使偶尔受到善待，也依然不属于任何家庭。

## 第 2 节 黑奴制度

雇佣劳动力本来是合理合法的，但殖民者的雇佣方式令人不齿。西非黑奴是美洲劳动力的主要来源。也许有人会问，殖民者为什么不雇佣非洲黑人，而是买卖黑奴呢？这也许是欧洲和非洲共同开发美洲资源的阴谋。奴隶贸易最后以失败告终，主要是因为缺乏两个必备条件：第一，征得黑人同意；第二，输送渠道畅通无阻。欧洲人对待黑奴的方式非常野蛮，黑奴几乎没有任何人权。地位低下的黑奴成为满足贪欲和发泄仇恨的工具。葡萄牙人最先在非洲西海岸建立了贩奴机构，将黑奴从非洲工厂贩卖到巴西种植园。西班牙人虽然从未涉足这种交易，但仍然千方百计地向古巴、波多黎各的种植园提供奴隶。西班牙传教士巴托洛梅·德拉斯·卡萨斯支持奴隶买卖，认为黑人比印第安人更能适应高强度的劳作。英国也涉足奴隶贸易。我们虽然不能以 19 世纪的道德标准衡量 17 世纪的贸易，但发现约翰·汉普登和弥尔顿的祖国竟然为了这

非洲部落居民被捕

奴隶被扔进条件恶劣的船舱,运往美洲种植园

奴隶登陆美洲海岸

笔垄断交易与其他国家讨价还价,并试图通过《乌得勒支和约》达到目的。奴隶制持续了二百五十多年,大西洋年均贩奴十万人次,非洲人民经受了沉重的苦难。伊斯兰教徒将黑人从西非驱赶到埃及、阿拉伯半岛、波斯和土耳其,使其成为家佣;欧洲人将黑奴贩卖到种植园。家佣的地位比弗吉尼亚和牙买加的黑奴地位高一些。在最近关于西印度群岛种植园的记录中,黑奴贩卖与牲畜买卖的账目往往混杂在一起。黑人婴儿的生死记录与驴、牛的记录并无二致。正如一位法兰西作家描述的那样,英国在大西洋沿岸建厂,利用黑人对阿拉伯人的仇恨,使双方在大西洋东海岸交战。

在历史长河中,反对奴隶贸易的声音不绝于耳。贵格会清楚地认识到奴隶贸易的不合理性,教徒们因同胞的贪得无厌备感伤心。直到18

奴隶主惩罚不听话的奴隶

世纪末,人们才开始抵制奴隶贸易。1780年,宾夕法尼亚废除了奴隶制。格兰维尔·夏普提议,英属殖民地的黑奴应该重获自由[①]。1784年,剑桥大学玛格达莱妮学院的一名硕士曾以"强迫黑奴劳动是否合法"作为论文观点。托马斯·克拉克森为奴隶解放事业奉献了一生,最终斩获殊荣。威廉·考珀、埃德蒙·伯克和查尔斯·詹姆斯·福克斯曾言辞激烈地抨击奴隶制。威廉·皮特试图从法律角度证明奴隶制的不合法性。颇具影响力的威廉·威尔伯福斯坚信奴隶制是不公正的,并与托马斯·克拉克森共同致力于废除奴隶制的事业。废奴主义者前仆后继,付出了五十多年的心血和努力,终于为人类历史留下了一幅鸿篇巨制。黑奴为种植园带来了丰厚利润。因此,种植园主通过贿赂各市长与选民抵制废

威廉·考珀(1731—1800)

---

① 《萨默塞特案》,1772年。——原注

奴呼声。1832年,《改革法案》的颁布遏制了徇私舞弊的行为。法兰西革命使人们对自由主义产生了怀疑,废奴运动进程加快,奴隶贸易因此受到影响。美国独立之前,弗吉尼亚议会加入了废奴运动。弗吉尼亚下议院分别于1794年和1796年通过了废奴法案,但在1804年,上议院以七十六票对七十票否决了该法案。1806年,下议院通过了查尔斯·詹姆斯·福克斯的提议,并于1807年生效,但不幸的是,查尔斯·詹姆斯·福克斯和威廉·皮特都已经去世。该决议在下议院以二百八十三票对十六票通过,并以六十六票的多数票在上议院通过。1808年,美国终于取缔了奴隶贸易,但非法贩奴行为并没有销声匿迹。1811年,亨利·布鲁厄姆说服议会,将奴隶贸易设为重罪,并通过部署海上巡洋舰遏制奴隶贸易。新的政治经济学主张废除不公正的奴隶贸易,慈善家们

美国废奴运动期间戴着手铐脚镣的奴隶

也认为这种贸易是浪费资源。然而,罗伯特·巴克斯顿的提议在1823年再次遭到否决。1825年,威廉·威尔伯福斯从议会退休,但罗伯特·巴克斯顿依旧在为废奴事业努力。1833年,亨利·乔治·格雷携同亨利·布鲁厄姆和约翰·斯坦利,一致通过了废奴法案。此外,英国还决定给贩奴者发放两千万英镑国家赔偿金,并以税收的形式落实该政策。废奴主义者对此表示赞同,公民交口称赞并表示愿意负担重税。1834年8月1日,废奴法案生效,七十七万零两百八十名奴隶重获自由。威廉·威尔伯福斯没有亲眼见证废奴法案的两次审议过程,抱憾离世。1846年,托马斯·克拉克森也逝去。种植园主尝试利用学徒制挽留黑人,但并没有奏效。1838年,学徒制流产。与此同时,废奴范围扩大到了东印度种植园及其他国家,如法兰西第三共和国(1848年)、葡萄牙(1851年)、荷兰(1860年)和美国(1864年)。在过去的十年中,巴西和古巴仍然存在贩奴现象。直至1886年,古巴才彻底废除了奴隶制。虽然古巴政府没有提供国家赔偿金,但并没有影响当地的生产活动。巴西预计在19世纪末废除奴隶制,但奴隶主必须预支一定的赔偿金。1887年,奴隶制彻底退出了历史舞台。

直到19世纪,"奴隶制"的政治概念才逐渐消亡。废除奴隶制不仅仅意味着产业结构的瓦解。柏拉图和亚里士多德坚决支持奴隶制,认为低贱的奴隶既可以满足产业需求,也可以用来抵债。斯巴达和雅典践行了奴隶制。从政治哲学角度看,奴隶制并没有被彻底废除。[①] 美国和法兰西共和国尚未普及人权概念。奴隶制不会因基督教的谴责而终止,但在基督精神的教化中逐渐消解。贵格会教徒的信仰纯粹专一,福音派教徒竭力复兴本教,这都使人们意识到奴隶制与人类的幸福生活格格不入。欧洲各国深受奴隶制的影响,不遗余力地为废除奴隶制做出努力。

---

① 1669年,约翰·洛克起草了卡罗利纳的宪法法令。其中一条是关于"黑奴的绝对权力与权威"的补充条款。该条款既无愧疚之意也无开脱之辞,甚至大谈英国的宽容与自由制度。——原注

亨利·布鲁厄姆
(1778—1868)

威廉·威尔伯福斯
(1759—1833)

托马斯·克拉克森
（1760—1846）

托马斯·克拉克森在议会发表废奴演讲

在历史发展的长河中,光明总会从黑暗中迸发出来。经过二百五十多年黑暗的奴隶制,人类终于盼来了废除奴隶制的时刻。这段刻骨铭心的历史记载着人类道德意识的净化过程。

## 第3节 引进苦力

废除奴隶制后,欧洲国家的殖民地不再从非洲进口劳动力。英国的苦力主要源自印度。为了养家糊口,很多印度人自愿离家,远赴与家乡气候相似的地方,从事稳定的工作。他们不仅享有薪水,还能拥有人身自由和家庭权益,最后衣锦还乡,平生第一次成为资本家。譬如,一艘船曾运送三百二十名印度苦力返回加尔各答。这些苦力携带的钱财高达六万五千美金。低种姓的印度人多在毛里求斯、纳塔尔和西印度群岛的糖业种植园劳作。亚热带地区的昆士兰多雇佣太平洋岛屿的原住民。殖民地政府制定了相关规章制度,规范苦力的运输渠道,为各殖民地分配苦力并提供膳宿,以确保苦力得到公正待遇。此外,政府还监管苦力的膳食,为他们提供医疗保障,定期检查他们住的工棚,并统一劳作时间和工资标准。每位苦力享有两次被雇佣的机会,除非受到官方惩戒,否则不得中断雇佣关系。他们可以长期定居在殖民地,也可以重返印度。昆士兰殖民政府的失职之处在于制度的实施方式,而不是制度的具体内容,譬如代议制殖民地和直辖殖民地制度。波利尼西亚人的为奴史曲折坎坷,船工们地位低下,工作环境十分混乱。虽然昆士兰幅员辽阔,但种植园大多远离市中心。然而,这并不能成为政府失职、波利尼西亚人受到虐待的理由。昆士兰的新内阁上任后,不仅实行了居民优待政策,还特赦了部分罪犯。英属殖民地的苦力大多聚居在一起,如圭亚那的七万名苦力、特立尼达岛的七万名苦力、纳塔尔的四万名苦力、牙买加的一万三千名苦力和毛里求斯的二十五万名苦力。

奴隶制和苦力制之间的对比清楚表明，如果国家律法公正，不仅可以满足经济需求，还可以赋予苦力人身权利。

| 苦力体系 | 奴隶制 |
|---|---|
| 两者之间的本质区别 | |
| 人身自由 | 奴隶是财产或动产 |
| 家庭权利 | 只有得到雇主的许可，才能拥有家庭 |
| 重要区别 | |
| 自愿离家 | 囚禁或绑架 |
| 享有受教育权和宗教信仰自由权 | 不鼓励，甚至禁止接受教育或拥有宗教信仰 |
| 生活充满希望，可以返乡，也可以作为资本家定居在殖民地 | 归家无望 |
| 次要区别 | |
| 政府监管人员运输航线 | 恐怖的航海旅途 |
| 政府规范雇佣条款 | 劳作与报酬不符 |
| 政府规范生活标准，如膳宿与医疗服务 | 由奴隶主自行决定 |

比起法兰西和西班牙的奴隶制，英国的奴隶制并不苛刻。

苦力制度为全世界带来了福音。英国通过议会控制苦力来源地——印度殖民地和其他使用苦力的英属殖民地。鉴于同印度等英属殖民地的频繁交往，英国可以有效监管苦力制度。旅居海外的英国人可以随时将所见所闻报告给政府。因此，种植园主认为，善待苦力关乎国家声誉。尽管殖民进程进入尾声，但种植园主获益颇丰。就像校长需要接受政府检查一样，种植园主也受到国家的监管。虽然一些殖民地对此持有异议，但英国人雇佣其他民族作为劳动力的方式从未改变。

中国劳工的处境比较特殊。他们在世界其他地方通常不受欢迎，甚至遭到驱逐。但他们胸怀抱负，一些人留在城市工作，一些人涉足商业，不再投身田间劳作。整体来说，中国劳工的问题属于自由移民问题。

## 第4节 囚犯劳动力

在早期的殖民活动中，葡萄牙强迫囚犯在巴西种植园劳作，法兰西

巴西奴隶主在惩罚奴隶

奴隶们在繁重的劳动后休息用餐

王国和英格兰也采用了相同的方式。17世纪的动乱时期,英格兰将圆颅党政治犯遣送到殖民地充当劳动力。邓巴战役、伍斯特战役、利默里克战役后,奥利弗·克伦威尔将受降的骑士遣送到了弗吉尼亚和巴巴多斯。1686年,蒙默思之乱平息后,囚犯们被发配到巴巴多斯。来多尔切斯特、埃克塞特和韦尔监狱的六十八名农夫、七十二名织工、九十名工匠和一百名其他囚犯因叛国罪被判处十年苦役,随即流放到了殖民地。刑满释放后,这些囚犯可以前往其他海岛或波士顿、纽约和弗吉尼亚,甚至返乡。后来,"将囚犯流放到海外"的方式也开始用于处置普通罪犯,并成为除了死刑以外最严苛的惩罚。

英国痛失美洲殖民地后,只能重新寻找处置囚犯的殖民地。西印度群岛和加拿大都不愿意接收罪犯,詹姆斯·库克在澳大利亚最偏远的海岸建立了罪犯安置点。这个地方植物品种繁多,因此,詹姆斯·库克将其命名为植物湾。1787年,六艘运输船和三艘仓库船承载着七百五十七名罪犯,其中包括二百名女囚犯,在一艘战舰和交通船的护

詹姆斯·库克在植物湾登陆

## 第9章 劳动力供给与殖民地经济

送下,驶往植物湾。后来,海军源源不断地向植物湾运输牲畜和粮食等生活必需品。犯人们刑满释放后,会得到土地、牲畜和能够维系十八个月的粮食。一些人将这些物资挥霍殆尽,但大多数人克勤克俭,开始了新生。英国每年约有两千至三千名罪犯被判流放,他们大多因伪造罪和盗马罪被判无期徒刑,畏罪潜逃的人会被判处死刑。随着自由民的到来,出狱后的犯人会留在殖民地兼做劳工。后来,这种劳动力供给方式开始流行,社会风气逐渐败坏,政府渎职腐败,物欲主义盛行。面对这些社会问题,生性善良的人们依旧乐观向上。但有一些人以暴制暴,加剧了社会矛盾①。罪犯"诗人"乔治·巴林顿的名句曾作为悉尼歌剧院的开场白:"真正的爱国者愿意为了国家的未来远赴他国。"

乔治·巴林顿在考文特花园剧院偷盗奥尔洛夫伯爵的口袋时被逮捕

---

① 马库斯·克拉克的《无期徒刑》于1889年在伦敦宾利出版,生动地描述了澳大利亚殖民地早期的生活片段。——原注

随着新南威尔士领土的扩张,横跨蓝山的盛景再次出现。自由民络绎不绝地来到澳大利亚殖民地,农业岁丰年稔,人们开始反对接收流放犯人。殖民地政府也左右为难:维多利亚殖民地政府受到了威胁,决定将罪犯运往普利茅斯;开普敦人民反对囚犯定居在本地;范迪门地断然拒绝囚犯输送计划;西澳大利亚举棋不定,囚犯输送计划最终流产。以霍华德为代表的民众对不幸的囚犯深表同情,尤其是女囚犯。杰里米·边沁、查尔斯·亨利·麦金托什①和塞缪尔·罗米利开始倡导比较温和的

杰里米·边沁(1748—1832)

---

① 查尔斯·亨利·麦金托什(Charles Henry Mackintosh, 1820—1896),爱尔兰基督教传教士。——译者注

## 第9章　劳动力供给与殖民地经济

塞缪尔·罗米利（1757—1818）

刑法。1819年，英格兰和威尔士共有一千三百一十四人被判死刑，但仅有一百零八人被当场处决，其中十五人犯有谋杀罪。1849年，温和派政府上台，六十六人被判处死刑，其中十五人犯有谋杀罪。理查德·惠特利大主教多次强调，死刑制度有悖道德。英国政府勉强认同了他的观点，于1867年废除死刑。

然而，法兰西依然执行死刑制度。屡教不改的罪犯被送往卡宴和新喀里多尼亚殖民地，困扰着附近的澳大利亚殖民地。

## 第5节　雇佣自由移民

人类的体质适宜在温带地区劳作。自由移民是殖民地劳动力供给的重要来源。殖民地供养他们，从而形成了新的社区。新的商品市场为自由移民的子女提供了海外就业的机会。商人们积极开展商业活动，工厂夜以继日地进行生产，越来越多的人来到澳大利亚定居。

本国的排斥与外界的吸引形成了移民动机。新的殖民地充满诱惑，就业机会多种多样，这也是英国产业发展的尴尬处境。随着英国产业结构的优化和产业水平的提升，原本饱和的殖民地仍然需要吸纳更多人口。不知维多利亚殖民地的土著是否认为"澳洲花园"已经人口过剩，但可以肯定的是，英国人口在伊丽莎白一世统治时期已经达到四百万。伦敦被威廉·科贝特称为"瓮"，星罗棋布的花园和一望无际的田野从市中心向外延展。国家的发展水平决定了人口密度，如果想了解英国在一定

威廉·科贝特（1763—1835）

## 第9章　劳动力供给与殖民地经济

发展阶段的人口密度，那么应该调查一下居民的居住感受。如果国内的人口密度不大，但移民依然源源外流，说明英国的国力终将日渐式微。

殖民初期，移民动机缓解了英国国内的人口压力。探险家前往殖民地寻找新的财富之源，航海家和旅行者的描述令人心驰神往。出于政治仇恨、经济衰败、宗教迫害等原因，人们背井离乡前往殖民地。一百五十年来，大量自由民自愿移居到英属殖民地。1760年，美洲殖民地人口达到了三百万，而英格兰和威尔士的人口仅有七百万。

随着美国的独立，英国的移民活动进入尾声，其影响也微乎其微。造成这种状况的原因是：第一，地处热带的西印度群岛物产丰饶，加拿大自治领竭力吸纳移民，而且澳大利亚的移民数量也不多；第二，英国国内的人口过剩压力已经得到缓解，甚至需要为不断发展的制造业提供就业人口。战事频仍、赋税苛刻等因素迫使人们在贫瘠的土地上种植玉米。士兵们身心交瘁，一些军人过劳而死，数量超过了在特拉法尔加战役、维埃拉战役和维多利亚战役中的伤亡人数，皇家海陆军急需征募新兵。滑铁卢战役过去三十年后，英国开始致力于国内人口的增长，移民活动暂停。

滑铁卢战役之后，世界局势发生了巨大变化。拿破仑被关进了圣赫勒拿监狱，贫穷儿童抚养法案改弦易调。此外，移民活动逐渐复苏。从1815年到1830年，每年平均有两万三千人离开英国，远赴加拿大、开普敦和美国，澳大利亚也开始鼓励自由移民前来定居。美国移民与日俱增，如1830年到1840年，移民年平均增长量为七万人；1840年到1846年，年平均增长量为十万人，在移民史上留下了浓墨重彩的一笔。爱尔兰农民几乎全岛迁徙，这是迄今为止规模最大的一次移民活动。从18世纪中叶开始，英国强迫小农场扩大经营，马铃薯种植业促进了人口增长和财产分化，但大部分人仅以蔬菜充饥。1846年到1847年，马铃薯歉收，民众被迫移民。移民潮带来的自由贸易减轻了上述

英国皇家海军的战舰

拿破仑在圣赫勒拿岛

灾难造成的影响，爱尔兰人决定自谋生路。从 1840 年到 1846 年，约十万爱尔兰移民涌入英国殖民地。从 1847 年到 1850 年，爱尔兰移民增长至二十八万人，其中大多数去了美国。[1] 数世纪以来，爱尔兰人从未指望英国在危机时刻给予他们慷慨帮助。1801 年，移民潮的出现使爱尔兰人口从八百万骤降至五百二十五万，现在仅剩五百万。与此同时，从 1851 年 5 月 1 日至 1889 年 12 月 31 日，爱尔兰移民总数达三百三十四万六千五百八十人。

帝国主义情结并没有消除爱尔兰移民的民族特性，尤其是在美国的爱尔兰人。提到全世界讲英语的民族时，应该牢记的是，爱尔兰人多年的仇恨可能会影响他们对英国的热爱。

苏格兰人更喜欢加拿大和新西兰，莱茵河畔的德意志酿酒商认为澳大利亚的葡萄园经济前景可观，剑桥郡的年轻人在伦敦扎稳了脚跟，并

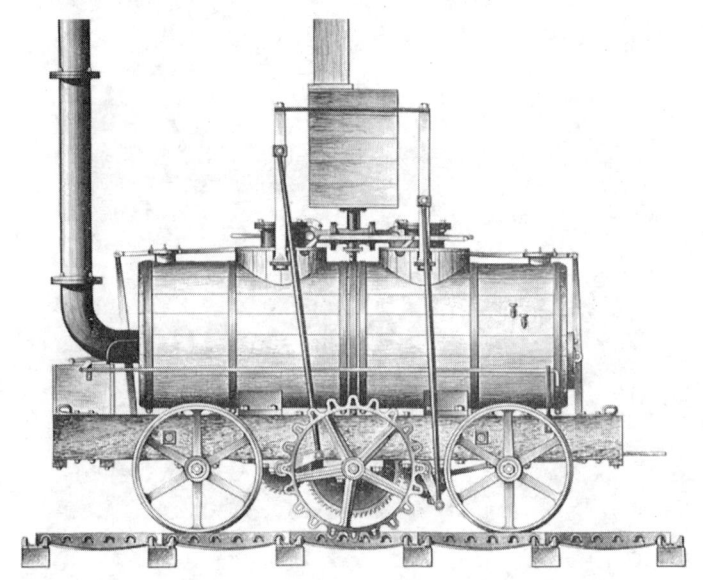

早期的铁路轨道与蒸汽机车

---

[1] 移民数据受到多种因素的干扰，如究竟有多少人前往海外定居，又有多少人仅仅是出国旅游。但这些数据依然可以用来说明问题，至少可以根据比较研究追溯每年度移民运动的变迁。——原注

将同乡也带到了伦敦。紧密的家族联系促进了世界劳动力的流动,铁路和蒸汽船更是促进了这一流动。大多数法兰西移民去了阿尔及利亚和受法兰西影响较大的地方,如埃及。除了法裔加拿大人,现在约有五十万法兰西人定居海外。

德意志移民在移民史中举足轻重,他们是最早移民到海外而且活跃到现在的民族,具备优秀的移民品质。譬如,德意志移民在宾夕法尼亚的人数占比较大,他们在荷兰东印度公司的庇护下前往开普敦,随后遍布世界各地。从1850年到1870年,大约有二十五万法兰西人、二百二十六万七千德意志人和二百七十万爱尔兰人移民美国。德意志帝国如果早点开展殖民活动,无疑会拥有更多殖民地,甚至独立的德意志国家。但由于受到英属殖民地和美国的同化,其殖民影响力并不显著。西班牙和葡萄牙的移民目的地是南美洲。意大利人比较心仪西班牙、美国、拉普拉塔河和布宜诺斯艾利斯,这表明他们非常重视拉丁亲缘关系。瑞士人纵贯南北美洲,荷兰人相对稳定。但事实上,荷兰曾在殖民史上占有一席之地。托马斯·巴宾顿·麦考利曾在《论宗教》中谈到查理二世瓦解三国同盟,致使荷兰落入路易十四手中,荷兰人悉数迁往美洲及东部殖民地。由于国土面积狭小,生产力低下,荷兰没有能力供养国民,因此,从1882年到1889年,每年约有四千荷兰人移居美国。

苏格兰曾尝试掀起移民运动,并试图在1621年将新斯科舍划入苏格兰的管辖范围内。然而,达里恩的两次移民运动均以失败告终,英国继续掌握着苏格兰的命运。

威廉·佩恩回顾了整个欧洲移民史,他认为,苏格兰对移民运动的贡献最大,其次是英国,再次是德意志帝国。

在移民运动中,英国政府既没有收集海外劳工的信息,也没有抓住机会鼓励移民,这种不作为令人不满。德意志也不鼓励移民,但法兰西一直通过各种措施刺激殖民地的发展。安妮女王统治时期,英国政府设

安妮女王（1665—1714）

置了通往美洲殖民地的专属通道，为失业者提供就业机会。19世纪，在"伟大和平"的计划实施十年后，英国下议院开始考虑移民问题。1871年，皇家委员会的研究方案得到政府的认可。这个方案和爱德华·吉本·韦克菲尔德的理论如出一辙，即殖民地土地的销售收益应该用于奖励移民，其中，男性移民每人奖励三十英镑，女性移民每人奖励二十英镑。殖民地政府被迫采取各种措施吸引劳动力。维多利亚女王时代，黄金的发现促进了移民的分流。所有殖民地都向劳工允诺了人身自由权，并提供优厚的待遇。英国的工薪阶层渴望在殖民地拥有自己的土地，因

## 第9章 劳动力供给与殖民地经济

此，大片土地逐渐被侵占。受到民主思想的影响，殖民地的居民开始嫉妒移民，不再支持移民运动。

殖民政策限制了移民的自由，移民开始与英国分庭抗礼。刚刚独立的殖民地对兰开夏郡、敦提和贝尔法斯特的产品征收重税，坚决反对自由移民，并表示一旦时机成熟，会再次接收移民。英国给每位移民补贴一百七十五英镑。但需要移民为国家建设出力时，却无人响应。英国为避免重蹈覆辙，不再提供补贴。身强力壮的农民只能得到每英亩二十先令的补贴。因此，美洲移民通道关闭，"自由、平等"的概念不再适用于英属殖民地。国会议员兼著名作家的卡伯特·洛奇认为，美国应该考

卡伯特·洛奇（1850—1924）

虑是否继续接纳移民。美国曾经对那些受到压迫的欧洲人非常宽容，但现在，当欧洲腐朽文明的受害者与美国人形成竞争时，双方只有愤怒与仇视。

英属殖民地的前景一片茫然。虽然殖民地非常关注英国日益严重的人口问题，也很关心劳动阶层，但依旧没有做好接纳英国移民的准备。如果动用武力强迫殖民地接收移民或使殖民者重新瓜分领地，很可能会出现不和谐的音符。也许人们可以期望帝国主义或世界主义取代民族主义。劳动者坚信，世界终究会向所有人开放，到那时，劳动力就可以自由流通了。

英国政府不谋其政，国家干预势成骑虎，权威人士建议政府取消移民补贴。殖民部以小额贷款的方式，将数百万英镑提供给准备移民的人，利息为3%。移民人数不断增加。然而，英国真的希望健壮的英国人移民吗？如果真的是这样，英国政府一定不会阻挠，但不应该继续发放国家补贴。政府要求殖民部竭尽所能收集所有移民的信息，并成立了移民信息办公室[①]。该部门每个季度发表一份声明，详述各殖民地的劳动力市场状况，并及时做出动态调整。英国邮局的季度通报成为政府发布信息的特殊渠道，但依然无法满足大众的信息需求。由于产业结构类型多样，相关律法纷繁复杂，英国及其殖民地的对外律法共五百五十项，都是关于移民资质及其社会地位的律法条令。移民信息办公室的设立对移民来说是一种福利，但其发展还需时日。爱尔兰在都柏林设立了贸易委员会移民处。该机构的工作人员包括一名首席视察官、九名助理和七名医疗检查员。

英国的民间协会也承担了部分移民信息收集工作。譬如，移民自助协会负责联络英国、加拿大两国的移民。这个协会在加拿大的工作人员具有较强的社会活动能力，可以为带有介绍信的移民介绍工作。1889年，

---

① 该部门花销不大，一年仅有一百五十英镑。——原注

## 第9章 劳动力供给与殖民地经济

该协会安置了八百一十六名移民，人均花费二百一十英镑，包括个人花销。据报道，只要想工作的移民都能顺利找到工作。教会移民协会负责介绍了解劳动阶层的神职人员去殖民地工作，许多孤儿院也采取了这种方式。各个民间协会通过小规模运作，共援助三千名移民。在移民和殖民者援助协会的帮助下，四千名移民与殖民者在新西兰定居下来，并成为拥有二十万英镑收入的工薪阶层。私人援助的案例比比皆是，如一位女士曾出资十万英镑，在开普敦东部殖民地建立了移民定居点。

移民可以根据自身专长在殖民地自由发展。颇具优势的综合殖民地往往包括形形色色的资本家、工头、农工、铁匠、工匠和其他手工业者，他们互惠互利，共同发展。此外，校长、医生和牧师各司其职，推动了殖民地城乡混合产业的形成。

总之，早期的移民通常由上述群体构成。约翰·史密斯非常关注想要进一步发展事业的已婚夫妇、单亲的青少年移民，贵族阶层的运动场所、种植园主是否会一本万利等问题。渔夫"在平静的海面上，穿过宁静的溪流，从伊利诺斯岛穿越水产丰饶的亚尔河"，心怀喜悦，满载而归。近年来，人们不断探索系统管理殖民地的方法，最有成就的思想先驱应该是爱德华·吉本·韦克菲尔德。他对19世纪殖民史满怀激情，并凭借自身的创新思想和实践能力，著有《殖民的艺术》一书，所以被公认为"南澳大利亚和新西兰的杰出缔造者"。此外，他还建议新西兰效仿加拿大的殖民政府。前文已经提到，爱德华·吉本·韦克菲尔德的目标是将资本与劳动力结合，通过高价出售土地的方式供给劳动力。虽然还没有建立长效机制，但他的努力已经卓有成效。南澳大利亚最终脱离了新南威尔士，移民们在新西兰落地生根。南澳大利亚和新西兰纷纷成立了公司，并在威灵顿和奥克兰设立了颇具影响力的董事会，以便践行上述思想。教会人员在坎特伯雷建立了教堂，并在奥塔戈设立了长老会分会。但移民政策最终还是无疾而终，并受到了"自然政治经济学"倡

奥克兰

导者约翰·拉姆塞·麦卡洛克①的抨击。1851年,维多利亚殖民地的"淘金热"彻底打乱了移民制度。殖民者疲于应付新出现的各种问题,任移民自生自灭。殖民问题的权威专家小乔治·弗雷德里克指出:"经过我多年的研究、反思和实践,发现韦克菲尔德理论非常合理。无论对殖民地还是宗主国来说,如果全盘否定或完全忽视这一理论,实属英国人的不幸。"②

此外,也有一些人提议对城镇土地进行有序划分,并将教堂、学校、研究机构和医院建在城镇中心。

---

① 约翰·拉姆塞·麦卡洛克(John Ramsay M'Culloch,1789—1864),苏格兰经济学家、作家及编辑。——译者注
② 《罗伊科尔研究所学报》。——原注

## 第9章 劳动力供给与殖民地经济

一百年前，亚当·斯密曾说过："资本在自然发展中举足轻重。"这句话虽然没有提到劳动力，但实际上也包括劳动力。任何社会都是农业发展优先，其次才是制造业和外贸。基于此，他指责现代国家"本末倒置"。这种违背自然规律的情况通常发生在殖民地发展的中后期，尤其是澳大利亚。维多利亚殖民地的城乡产业并行不悖，甚至像一个百年大国那样波澜壮阔。

格兰维尔·莱韦森－高尔勋爵曾指出殖民化的好处。如果没有国家干预，殖民地可以发展得更好，譬如许多经历了"婴儿期"和"青年期"的新兴殖民地。这种观点基于以下两个论据：第一，殖民地的发展与个

格兰维尔·莱韦森－高尔勋爵（1815—1891）

体的积极性紧密相关。政府一旦强行干预,资本、商人、劳动力就会大量外流;第二,当时的英国政府还不具备国家干预的能力。只要任一论据成立,格兰维尔·莱韦森-高尔勋爵的论点就能够成立。此外,热爱自由的约翰·斯图亚特·米尔突然反戈相向,开始支持国家干预政策。他说:"只有在国家干预的情况下,殖民地才能得到更好的发展,但并不排除一些殖民地创建者的一己私欲。不过,大多数殖民地创建的初衷是为国家谋求福祉。各殖民地产业的长期发展需要国家立法的指导,不经法庭批准的哲学立法根本无法实现。因此,我们只能欣然接受现状。"

# 第 10 章

殖民扩张的"衍生品":种族问题

由于无法继续拓展殖民空间,欧洲殖民扩张运动进入尾声。在欧洲国家涉足的殖民地中,雅利安人继续按照自己的生活习俗繁衍生息,并积极开展殖民活动。试图总结殖民活动对世界人种影响的做法不仅徒劳无益,而且为时尚早。但殖民活动对非雅利安人产生的影响是否与对英国的影响一样,还有待考量。

不同人种之间的巨大差异使人们观察世界时不至于单调乏味。不同的人种肤色各异,而且身材体格、头骨形状、面部轮廓及器官发育等都不尽相同。各种族的语言、方言丰富多样,心智情感的发展也因人而异,秉性迥然不同,道德观念和宗教信仰更是大相径庭。我们只能说,这些差异就像埃及艳后克莉奥帕特拉[①]幻变的魅力一样,"岁月无法磨灭她的风情万种,习俗也不能腐蚀她的万千仪态"。

人种学家试图根据人种差异进行人种划分,但这种划分并不是绝对的。一些学者将世界人种划分为十一种,也有一些学者划分为十五种或十六种。曾经通用的划分方法是约翰·弗里德里希·布卢门巴赫的五

---

① 克莉奥帕特拉(Cleopatra,公元前69年—公元前30年),古埃及托勒密王朝的最后一位法老。——译者注

分法，即高加索人、蒙古人、马来人、印第安人和黑人。1870年，托马斯·亨利·赫胥黎划分出了五类人种，即血缘相近的金发白种人和褐色人种、蒙古人、黑人、澳大利亚土著。后来，人们熟知的术语雅利安人、蒙古人、黑人和棕色人种取代了上述命名。

雅利安人包括白皮肤的金发人，如斯堪的纳维亚人，以及黑皮肤的黑发人，如高种姓印度人。这一人种广泛分布在爱尔兰到恒河之间的区域，南至撒哈拉沙漠和印度洋地区。

蒙古人分布广泛，特征各异，北至拉普兰，南经暹罗。马来半岛和美洲的蒙古人截然不同。

托马斯·亨利·赫胥黎（左二）（1825—1895）与友人

## 第10章 殖民扩张的"衍生品"：种族问题

黑人主要分布在中非和南非，与非洲东部群岛的黑人差异较大。

棕色人种包括印度原住民、澳大利亚土著和尚待考证的埃及人与努比亚人。

以肤色划分人种不但便于记忆，而且与上述分类完美契合。白皮肤为雅利安人、黄皮肤为蒙古人、黑皮肤为黑人。此外，还有棕色人种。然而，根据这种分类还无法对印度人进行合理归类，因为印度人比其他棕色人种更接近欧洲人种，但称其为"白人"不免牵强。

如果按语言的基本结构，即自由语素、单音节语素和黏着语素进行人种划分，其结果与上述分类基本一致。

### 第1节 人种起源单一论

毫无疑问，世界种族的变迁各不相同，人种学家多倾向于人种起源单一论。但有一些人坚持盛行一时的人种起源多中心论，直至地质学的发展推动了学者们对种族差异的研究，物种进化论逐渐开始主导自然历史进程。后来，达尔文对人种学家约翰·弗里德里希·布鲁门巴赫和詹姆斯·考尔斯·普里查德提出的人种起源单一论进行了深入研究。

法兰西著名的人种学家卡特勒法热非常支持人种起源单一论，爱德华·伯内特·泰勒也对此深以为然。然而，非亚当后裔的问题依然悬而未决。卡特勒法热指出，非亚当后裔曾出现在第三纪和第四纪地质时代，人类同根同源，历经繁衍生息，像碗里溢出的水一样，四散流去[1]。虽然漂洋过海困难重重，但查尔斯·莱尔却为这一观点提供了有力论据：假设世界只存在一类人种，无论其是否定居在新大陆的沿海地区，如澳大利亚或太平洋的珊瑚岛，也无论其文明程度能否与爱斯基摩人媲美，历经岁月的洗礼，这类人种的后代生生不息，终将遍及全世界。人们通

---

[1] 《人类种族》，第十五章。——原注

达尔文
(1809—1882)

约翰·弗里德里希·布鲁门巴赫(1752—1840)

卡特勒法热
（1810—1892）

查尔斯·莱尔
（1797—1875）

常认为，人类起源于亚洲的某一个地方，如温度极低的亚洲极北处，但现有地质、地理状况尚未出现；或者是位于喜马拉雅山脉和阿尔泰山脉之间的高原上，当时的地质、地理状况与现在相同。上述四类人种聚集在高原附近驯化牲畜，并分化出三种语言类型。

如果将世界人口预估为十三亿，则雅利安人和蒙古人各有六亿人口，黑色人种约为八千万，棕色人种的后裔约为一千万。时至今日，世界上还有两千万混血人种，包括南北美洲混血人种和黑白混血人种。

## 第 2 节  殖民扩张中的种族问题

1492年，雅利安人跨越南北美洲，直抵澳大利亚。欧洲人认为，"原住民目前且永远是居民主体"，这一理念使欧洲人同各种族进行了亲密接触。

种族接触的结果有三种，分别是种族灭绝、种族征服和种族融合。

如前所述，早期的西班牙殖民者对西印度群岛的原住民实施了种族灭绝政策。譬如，海地的原住民约为一百万至三百万人，难以置信的是十五年后，人口骤减至六万人。西班牙和葡萄牙殖民者对中南美洲原住民，即蒙古人，采取了种族征服为主、种族融合为辅的手段。卡特勒法热称，混血欧洲人、墨西哥和南美原住民的人数占世界总人口的五分之一，葡萄牙人在很大程度上与非洲和印度原住民进行了种族融合。

法兰西人侵占阿尔及利亚、塔希提岛和马达加斯加时日尚短，对人类种族的影响与西班牙的殖民影响大同小异。但在拉丁美洲殖民地，种族融合更容易实现。

荷兰殖民者以日耳曼民族自居，拒绝进行种族融合。南非开普敦殖民地定居着布须曼人和霍屯督人，他们都是黄色人种或棕色人种与黑人融合的后代，发育迟缓，心智不足。荷兰殖民者对这两支部落发起了一

## 第10章 殖民扩张的"衍生品":种族问题

塔希提岛上的原住民

场惨绝人寰的种族灭绝行动。信念决定行动,荷兰殖民者从未将这些原住民纳入基督世界,如同以色列人驱逐迦南人和赫梯人那样。1803年,荷兰殖民者在圭亚那建了两座教堂,其中一座的碑文上刻有"奴隶和狗禁止入内"的字样。但在爪哇岛,荷兰殖民者制定劳务暂行协议以管理当地劳工,卓有成效的产业活动使双方获益良多。然而,好景不长,荷兰东印度公司因早期管理不善,引起了荷兰人的抵抗。结合自由主义与贵族统治原则,现在的荷兰殖民者默认了当地统治者的管理,推行城镇卫生法;禁止当地长官聘用欧洲人为家佣,禁止双方通婚,并严斥其求婚行为。欧洲水手及士兵不得在公共场所醉酒,一经发现会被关押到船上或兵营里[①],这些公共政策体现出平等性。荷兰殖民者认为,英国在

---

① J.W.B. 马尼,1861年,《殖民地管理办法——以爪哇为例》。——原注

印度的教化实属自取灭亡，但荷兰人并没有意识到教育及宗教的责任。究其原因，荷兰殖民者并不认同"爪哇属于爪哇人民"的观点。

## 第3节 英国的殖民扩张

为了进行殖民扩张，英国与其他种族交往甚密，尤其是和各殖民地的原住民。除了与英国有商贸往来的中国人和日本人及游走在印度和摩洛哥的波斯人和阿拉伯人，英国人几乎和世界各主要人种都进行了接触。

英国的主要殖民成就是对印度和锡兰的雅利安人及混血人种进行治理。只有通过与印度原住民的友好交往，英国才能改变其臭名昭著的殖民影响，重获国民的尊重。

### 一、西非黑人

英国人初次踏上西非的土地时，发现这里的居民都是最纯正的黑种人。这些黑人的卷发、厚嘴唇和塌鼻梁往往会让人联想到几内亚的土著。白人在西非殖民地建立贸易工厂，开始了长达二百五十年的奴隶贸易。然而，西非的部落纷争自此得到平息，酋长们的贪欲也得到了满足。1806年，情况略有改观。英国派遣巡洋舰打击贩奴船，并在塞拉利昂设置了奴隶救助站。随着19世纪产业的复苏，英国在弗里敦、海岸角城堡和拉各斯设立了几内亚贸易点，并增设了尼日利亚贸易点，通过奴隶贸易牟取暴利。

流离失所的原住民强烈反对英国殖民者在沿海地区的酒品贸易，因为这种贸易与奴隶贸易并无二致，有百害而无一利。公众的谴责声越来越大，但官方并未予以回应。

此外，葡萄牙、荷兰和德意志公司为了谋取商业利益，完全漠视基本人权。

## 第10章 殖民扩张的"衍生品":种族问题

英国殖民者试图教化塞拉利昂殖民地的黑人,让他们像欧洲人一样生活,但收效甚微。模仿来的文明就像空心芦苇,虚有其表,一旦遭受压力,就会刺破人的手心。英国圣公会采取了一些措施,试图净化塞拉利昂的教会。加内特·沃尔斯利子爵坚称,没有白人的教化,大部分殖民地将沦为蛮夷之地,非洲西海岸的集市上也将再现活人献祭的场景。当然,不能一概而论,个别黑人受到欧洲文明思想的教化后,开始变得

加内特·沃尔斯利(1833—1813)

与众不同。美属利比里亚殖民地的文明教化效果显著。虽然文明教化的形式各异、程度不一,但教化进程已经步入正轨。

黑人迁居美洲和西印度群岛后,对当地造成的影响不可小觑。虽然众说纷纭,但黑奴依然延续了早期的原始部落生活习惯。对此,我们不应该以英国的标准加以评判,也不能奢求黑奴的生活能有多大改观。即使推行旨在提升黑人社会地位的法案,"黑奴"也不会一夜之间变得勤俭节约、自强不息、尽职尽责。詹姆斯·安东尼·弗鲁德声称,英属西印度群岛的农民是世界上最幸福的人。这一说法与游人对马提尼克岛和瓜德罗普岛的印象如出一辙。然而,斯宾塞·圣约翰爵士对海地共和国

詹姆斯·安东尼·弗鲁德(1818—1894)

的印象却与此大相径庭,他发现海地盛行巫蛊之术,这片蛮荒之地上总是愁云密布。此外,对英国政治的刻意模仿使海地的政治生活显得荒诞不经。黑人励精图治,却留下了无限伤痛。海地人民盼望杜桑·卢维杜尔的重现,如果能得偿所愿,海地的历史一定会有所改变。

美洲南部的殖民者认为,黑奴问题仍然没有得到彻底解决。但黑人对此是否认同,仍不得而知。片面之词使人们对英国的既得利益心存疑虑。除非黑人接受有效的组织管理,否则将永远处于从属地位。

废奴主义者相信终有一日能看到胜利的曙光,但目前美国的废奴运动是否会成功尚无定论。

## 二、南非黑人

与西非黑人不同的是,非洲东部和东南部的原住民并不是纯种黑人,他们身体中流淌着阿拉伯人的血液,而且精力充沛、思想活跃。上一代欧洲殖民者认为,随着开普敦殖民版图的扩张,勇敢的卡菲尔人同仇敌忾,给殖民者造成了不少麻烦。但当代祖鲁人与卡菲尔人相比,过犹不及。

英国应该早日结束与卡菲尔人和祖鲁人的军事敌对状态。工业时代的曙光终将惠泽原住民,工人或农民的身份会使他们深感幸福。然而,质疑声此起彼伏,因为野蛮的祖鲁人破坏了殖民地的生态,纳塔尔上空回荡着阵阵哀嚎。如果祖鲁人不再蛮化未开,接受文明的教化,就可以进行自治。在开普敦殖民地,英国和荷兰殖民者对能否教化当地黑人一事充满疑虑。事实证明,白人并没有欺压黑人,而是与他们和睦相处,因为和平不仅有利于黑人的身心健康,也是解决问题的关键所在。铁路横跨欧洲及沿海地区,连通了贝专纳、马绍纳兰、德兰士瓦和奥兰治自由邦等地,促进了这些地区的资金流通和人才流动。与巴巴多斯和马提尼克岛辛勤劳作的同胞相比,这些地方的原住民拥有更光明的未来。

然而，布须曼人和霍屯督人必然会遭到淘汰，但这并不是英国殖民者的本意，而是这些民族确实无法适应现代文明。布须曼人和霍屯督人逐渐退向内陆，而且人口骤减，日渐消亡。

英国希望南非黑人能够安居乐业、丰衣足食。然而，南非黑人的发展历史中充斥着永无休止的部落迁徙和部落冲突。我们有理由相信，欧洲文明终将拯救黑人，而不是毁灭他们，这一愿景一定会实现。

### 三、北美印第安人

欧洲人发现，北美原住民的实际地位远高于其在人类族谱中的地位。在美洲，除了"印第安人"，还有斯堪的纳维亚和亚洲的"白种人"。"白种人"来自荒凉贫瘠的南北疆域。"印第安人"属于蒙古人，抵达美洲的时间相对较晚，具体时期不详。因此，"印第安人"的称呼虽然沿用至今，但并不准确。他们在圣劳伦斯河与密西西比河流域繁衍生息，与英国有着千丝万缕的联系。关于印第安人的产业结构，历来说法不一。人们通常认为，他们还处在猎获野牛的狩猎阶段，不属于游牧民族。印第安人的农业已经初具规模，主要种植印第安玉米和烟草，手工业以制陶为主。一些部落四处迁徙，没有固定的领地，棚屋就是他们的营地。大多数男性印第安人奔赴狩猎场或战场，女性多在沼泽地里种植玉米。

英国与印第安人的交流方式往往是先进行和平会晤，再签订合约进行交易。为了侵占印第安人的领土，一些殖民者骗取了印第安部落的信任，然后与他们签约。印第安人知道实情后断然毁约，发起了一系列烧杀抢掠、野蛮屠杀的报复行为，但最后的结果依然是领土易主。经历一个半世纪的斗争之后，殖民地政府于1756年与英国开战，并悬赏印第安人。印第安人支持英国皇家军队，反对殖民地政府。现在，印第安人依然视"英王乔治三世的军队"为朋友。

随后，英国和美国轮流瓜分了北美洲，致使印第安各部落四分五裂。

北美印第安人猎杀野牛

北美印第安人狩猎棕熊

北美印第安人的宗教活动

在加拿大，法兰西人对印第安人的态度还算温和，从而留下了一份珍贵的友谊遗产，历久弥新。加拿大的英国移民约有十万人，超过加拿大总人口的四分之一。加拿大政府提供较多的补贴，鼓励人们积极发展农业。哈德逊湾公司的部分员工还从事狩猎活动，进行皮毛交易。1885年，路易·里尔组织法印混血人种发动了起义，但由于孤掌难鸣，并没有成功。1874年，达弗林伯爵弗雷德里克·汉密尔顿在塔斯卡洛拉的易洛魁联盟会晤时称，"几乎所有印第安部落都将加拿大视为'信仰、人道与仁慈'的化身"，并对"正式承认酋长地位，鼓励各部落自治"的政策大加赞赏。

美国的白人也渴望与印第安人和平共处，但事与愿违。联邦政府要为印第安人分配保留地，但由于白人人口过剩，侵占了保留地，联邦政

路易·里尔（1844—1885）

# 第10章 殖民扩张的"衍生品":种族问题

府的号令无法有效实施,只能将印第安人驱逐出境,因为政府认为印第安种族的力量太过强大。截至1872年,美国政府同印第安部落签订了四百多份条约。然而,这些条约"墨迹未干,就已经无疾而终"[①]。条约的贯彻实施主要依赖强大的军事力量,政府不想让自身的利益受损,却也无能为力。殖民者将山地与平原夷为"领地"与"州",印第安人一无所有,四处漂泊。

难道印第安人就束手无策吗?17世纪,在荷兰殖民地新阿姆斯特丹,温和派与激进派各执一词:温和派坚信唯有良善才能俘获人心;激进派宣称唯有杀戮才能得到安宁。宾夕法尼亚的政策倾向温和派,认为种族灭绝的方式并不可取。现存的印第安部落与其他族群为此提供了佐证,如切罗基部落主要以农业为生,也发展畜牧业,人口增长较快,年均教育经费达七万美元,还拥有报社与私人财产,白人对他们尊敬有加。

切罗基部落

---

① L.A.拉斯罗普,1890年12月,《新评论》。——原注

现居纽约的奥奈达部落是易洛魁联盟的余部。这个部落已经完全内化了白人的社会习俗,L.A.拉斯罗普称其为温文尔雅、勤劳敬业的基督徒。

目前,约有二十五万美洲印第安人散落在一百多个保留地,其中,近一万五千人与白人聚居。

除非英国政府实行保留地制度,并永久开放加拿大猎场,否则印第安种族终将灭亡。赫尔曼·洛策生动讲述了一位印第安酋长亲眼见证变革之后的感受:"白人种的谷物生长周期短,他们坐收其成,一本万利。然而,印第安人以打猎为生,耗时费力。"因此,白人都比较长寿,而

奥奈达印第安人

且子孙满堂。如果印第安人以农耕为主,就可以从食肉者转变成耕种者。不可否认,只有经历这样的经济变革,并将亨利·戴维·梭罗的哲学思想发扬光大,印第安人才能继续生息繁衍。但即便如此,那些身体内流淌着印第安血液的土著人,由于逐渐被白人同化,最终成为混血人种。

### 四、毛利人

提到印第安人,还会让人联想到新西兰的毛利人。毛利人肤色偏黑、体格健硕,而且骁勇善战,又被称为波利尼西亚人,即黄色人种、黑色

新西兰的毛利人

人种和棕色人种的混血。他们勇敢捍卫家园，最终赢得和平，也获得了殖民者的尊重。总体来说，英国在新西兰的殖民进程一直比较顺利。新西兰首任总督威廉·霍布森遵守条约，承认了毛利人的土地所有权，并称毛利人得到英国女王的直接庇护。1841年签订的《怀唐伊条约》成为毛利人的"大宪章"。但毛利人并没有意识到，签订条约意味着放弃主权、永失领土。随后，毛利战争爆发，毛利人痛失大片领土。现在，约有四万毛利人居住在新西兰北部，而且人口数量锐减。他们迁徙到新西兰不足四百年，逐渐适应了新环境，却遭到了英国殖民者的侵略。正如毛利人所言，他们注定会灭亡。无论是现在还是不久的将来，崭新的文明将重塑毛利人。但毛利人不断否定自我，似乎已经无法战胜消沉的意志，重整旗鼓。

### 五、南太平洋土著

起初，英国与斐济原住民之间的交往仅限于个人层面。传教士逐渐教化了这些原住民，使他们接受英国的庇护，以御外侮。

英国政府不再向新几内亚输送移民，试图保护原住民免遭非法殖民的侵扰，那里管理秩序井然，摄政的帷幕逐渐拉开。

### 六、澳大利亚土著

翻开人类的历史篇章，英国人对其殖民史深感羞愧。毫无疑问，澳大利亚土著并不引人注目，他们对澳大利亚的经济生活也没有什么贡献。印第安人的故事再次上演，澳大利亚仅存的一点浪漫色彩逐渐消失殆尽。澳大利亚土著属于棕色人种，既不像新几内亚北部的巴布亚人，也不像澳大利亚南部的塔斯马尼亚人。托马斯·亨利·赫胥黎曾在人种分类中补充了澳大利亚人种。澳大利亚部落众多，散居在澳大利亚大陆上。澳大利亚的人种包括部分非洲人、东部的波利尼西亚人、北部的马

斐济原住民

来人。上述人种位于人类族谱的末端，与布须曼人和霍屯督人属于同类。如果有人否认了这些人的人性，那么他一定是心存偏见、冷酷无情的人。不过，有人持相左的意见。卡特勒法热在《人类种族》中写道："我非常不愿谈论澳大利亚的话题，白人从未像对待澳大利亚人那样对待其他弱小民族，他们在澳大利亚肆无忌惮地诋毁诽谤，残忍无情地掠夺杀戮。巴特勒·厄普认为，澳大利亚土著根本不能称为人，他们拥有人类最邪恶的品性，甚至连猴子也要为此自惭形秽。正直的人一定会反驳这种刻薄的言辞，也会提醒前往澳大利亚的淘金者。澳大利亚土著的邪恶品性一旦释放，就会证明上述刻薄之辞。到那时，我们就只能哀其不幸、怒其不争了。如果想进一步了解澳大利亚和塔斯马尼亚的故事，可以参照达尔文和珀蒂·图阿尔的旅行记录。"

现在，澳大利亚划分了宗族部落，规定了疆界范围，并利用木材制作船舶，通过织网捕捉袋鼠。这些事实完全可以消除"澳大利亚土著缺

澳大利亚土著

乏人性"的偏见。约翰·卢伯克断言，澳大利亚土著缺乏信仰和文化习俗的传承。卡特勒法热驳斥说，自创世纪以来，澳大利亚土著就开始思考如何探索世界，他们通过祈祷祭祀的方式认识自然，而且相信来生，承认世间存在真假善恶。1890年12月，澳大利亚移民詹姆斯·邦威奇向皇家殖民地研究院递交的报告指出，曾经的澳大利亚土著智力非凡，是令人敬佩的催眠师和读心术师。

目前，还没有哪个权威机构能够提供澳大利亚土著智力非凡的相关证据。但亚历山大·坎宁安、詹姆斯·道森、查尔斯·威尔克斯[①]、罗森多·萨尔瓦多、W.E.斯坦布里奇和卡尔·索福斯·卢姆霍兹提供的依据尚可佐证，唯独爱德华·约翰·艾尔、亚瑟·柯林斯和艾弗·麦吉利夫雷一直对这种观点存疑。

殖民者对澳大利亚土著的教化初见成效，如詹姆斯·道森培养了很多土著农民，罗森多·萨尔瓦多训练出能工巧匠，朱尔斯·布洛斯维尔[②]培训出淘金工人，亨利·巴克利引导土著部落走向文明。这些教化带来的影响将在下一章详述。

无论盎格鲁-撒克逊人怎样畅饮朗姆酒，都不会导致种族灭绝。但澳大利亚土著却未必如此，因为他们的人口数量持续减少，濒临灭绝。即使在人口众多的殖民地，澳大利亚土著也不到一万人。

澳大利亚殖民政府改进了管理方式，用澳大利亚原住民可以接受的方式进行有序管理。虽然西澳大利亚和北昆士兰经常发生一些悲惨故事[③]，但原住民致力于扫清殖民余孽。

---

[①] 查尔斯·威尔克斯（Charles Wilkes，1798—1877），美国海军军官、探险家，1838年到1842年率领美国探险队环游世界，于1840年1月25日发现南极。——译者注
[②] 朱尔斯·布洛斯维尔（Jules de Blosseville，1802—1833），法国航海家、地理学家、探险家。1822年到1825年，他就职于法国探险远征队，后于1833年失踪。——译者注
[③] 卡尔·索福斯·卢姆霍兹，1889年，《食人族》，默里出版社。——原注

查尔斯·威尔克斯(1798—1877)

卡尔·索福斯·卢姆霍兹(1851—1922)

### 七、塔斯马尼亚人

塔斯马尼亚人的陨落为人类历史增添了一抹悲情色彩。这段插曲记录了塔斯马尼亚人与白人的命运纠葛，令人感伤不已。残暴的殖民者踏上这片领土时，发现了弱小的塔斯马尼亚人。塔斯马尼亚人的奋起抵抗激怒了殖民者。德意志作家乔治·格兰曾描述了塔斯马尼亚人的消亡："殖民者像猎杀野兽一样定期猎杀塔斯马尼亚人。塔斯马尼亚人的灭亡不是在文明降临之前，而是在残忍野蛮的白人到来之后。"1810年以前，殖民地的法律并没有将"杀戮原住民"归为谋杀罪。1826年，塔斯马尼亚人遭到种族灭绝。殖民地政府规定：捕杀一名成年人奖励五英镑，

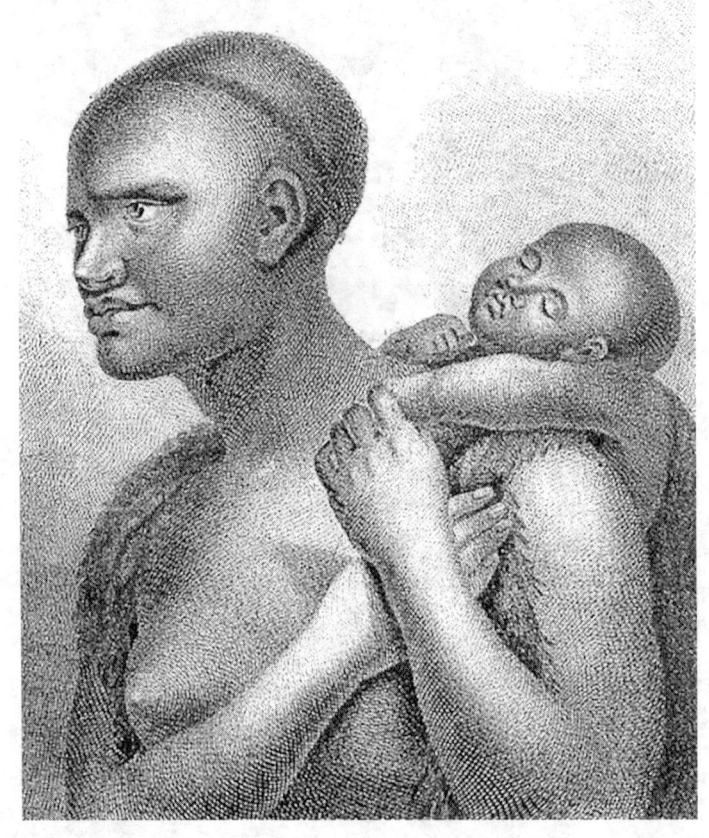

塔斯马尼亚妇女和儿童

捕杀一名儿童奖励两英镑。塔斯马尼亚人就像困兽一样,无路可逃,惨遭杀戮。1876年,最后一位塔斯马尼亚妇女惨遭虐杀,种族灭绝运动终于画上了句号。白人殖民者的非人行径人神共愤。驻塔斯马尼亚代表坚信,如果殖民者拥有人性的善良,一定会庇护原住民,但如果殖民者被人性的邪恶打败,邪恶终将吞噬一切。回顾这场大屠杀,正如达尔文所言,塔斯马尼亚人不该像印度的困兽一样被斩尽杀绝。

### 八、南太平洋岛民

英属南太平洋诸岛,如斐济,从未发生过上述种族灭绝运动,但与白人之间的商贸往来给当地的原住民造成了致命打击。从丰富的史料中,我们不禁对这段历史扼腕叹息。欧洲各国的殖民扩张引起了殖民者的狂热与贪婪,也成为公共舆论的焦点。

善于推卸责任的英国人在印度开展了慈善事业,以弥补殖民进程中的过错。但与其他弱小种族的交易相比,这种做法不值一提。英国给予孟加拉的福利并不能挽回塔斯马尼亚人的灭绝,对斐济人的仁慈也无法抵消对印第安人的迫害,对牙买加黑人的补偿更无法抹去黑奴的悲惨经历。面对先辈们犯下的罪行,后代只能通过善待原住民来获得救赎。同时这是英国、美国和澳大利亚的首要职责。

## 第4节 无可辩驳的殖民历史

虽然英国竭力为自己在美洲和澳大利亚的行径辩护,但依然无法用适者生存的法则抹去那段黑暗历史,因为这既不符合人性与道义标准,也没有贯彻基督的慈善精神。作为精神存在的人,不能简单地以非精神层面的准则评判历史。如果以"公正、善良和友爱"作为评判标准,就会发现历史长河中最耀眼的宾夕法尼亚及其殖民者等例证中,的确存在抽象的标准，而且这些标准在 19 世纪依然行之有效。只要公正与慈善联手、谦逊与信任同行，谦谦君子就会同声响应。

历史无法更改，但人类需要继续前行。面对久病缠身的同胞，人们总是尽力给予宽慰。一些殖民地的原住民无法适应高度文明的社会，溘然长逝。因此，殖民者必须改变对原住民的态度。如此一来，我们是否有必要更耐心地对待濒临灭绝的种族呢？

托马斯·布朗生性善良，他敏锐地观察到："历史往往毁誉参半，难以复制，原本不应该发生的历史注定会被人们遗忘。高尚的个体行为需要长时间精心培养，更何况是一个国家，甚至多个国家。"这段话历经两百年经久不衰。每每回顾殖民者与原住民的纠葛，英国人都会惴惴不安，饱受良心的谴责。

# 第 11 章

殖民地的教育与宗教

## 第 1 节 教 育

虽然传统教育日渐没落教育捐款数额锐减教育机构的发展也停滞不前，但英国首批殖民地依然非常重视青少年的教育，高度关注教会学校与世俗学校。特许公司创立了弗吉尼亚殖民地，公司上层也十分支持当地的教育。马萨诸塞的儿童从来没有因教育和宗教原因流离失所。

美洲殖民地的教育具有如下特点：

（一）早期殖民教育条款的制定。1610 年，第二家弗吉尼亚殖民公司的活跃成员有赞助过莎士比亚的南安普顿伯爵亨利·赖奥思利、弗朗西斯·培根、阿伯特主教、理查德·哈克卢特、尼古拉·费拉尔、托马斯·史密斯，以及约翰·胡克的爱徒艾德温·桑兹。该公司获得了詹姆斯一世的王室特许，被授权在弗吉尼亚的亨利科地区筹资一千五百英镑，并预留 万英亩土地建设学院。为了满足当地的办学诉求，伦敦大主教从教区单独拨款一千英镑。

只有五千户居民的马萨诸塞殖民地创建十年来，一直非常重视并致力于教育发展，并将四百英镑年收入悉数投入了新学院的建设中。公益

亨利·赖奥思利（1573—1624）

约翰·胡克（1527—1601）

行为引发了个人善举。1638 年，约翰·哈佛牧师将自己的一半财产和全部藏书捐给了新学院，即后来马萨诸塞州久负盛名的世界教育中心。马萨诸塞人决不允许青少年失去曾经的精神财富，议会制定的两项法律条款都充分说明了这一点。两项条款是：

1. 1642 年规定：为了避免误食野蛮愚昧的恶果，教徒应该让儿童或学徒接受教育，让他们熟练掌握英语。

2. 1647 年进一步规定：教育不应该随先辈们的离去而被尘封。人口为五十户的乡村必须指派专人教授儿童读写，居民为一百户的城镇必须建立文法学校，并以大学教育为目标，教导年轻人。

这些规定的践行还需时日，但大多数英国民众不以为然。只有通过比较，才能意识到理想与现实的差距。幸运的是，当代思潮正沿着正确的方向发展。

新市民学院

（二）殖民地教育首获支持。亨利科学院首次发起了社会捐款活动，但最终无功而返。威廉三世和玛丽二世统治时期，詹姆斯·布莱尔牧师再次主管学院事务，从伦敦商人那里募集了两千五百英镑，并于1692年筹建威廉－玛丽学院。威廉三世从弗吉尼亚的免役税中拨款两千英镑，用来资助该学院，威廉－玛丽学院的办学精神逐渐显现，司法大臣爱德华·西摩尔①极不情愿地为威廉－玛丽学院拟定了办学特许状。詹姆斯·布莱尔牧师认为，弗吉尼亚人民和英格兰人民秉承着共同的精神。爱德华·西摩尔在臭名昭著的复信中表达出不满，写道："精神？去你的精神！去生产烟草吧！"由于罔顾公众情绪，他很快成为舆论热点。乔治·伯克利主教试图在百慕大建立学院，后因没有得到首相罗伯特·沃波尔的首肯而流产。然而，公共募捐并没有停止。乔治二世在纽约投资四百英镑创建学院，再增加两百英镑投入费城学院的建设。无论如何，学院的筹建离不开个人的努力，以及成立于1698年的基督教知识传播协会的协助和英国国教的支持。在发展殖民地教育的过程中，议会一直袖手旁观。大主教为了筹建学院，允许在全国范围内举行募捐活动，并在1755年筹得一万英镑善款。

（三）教育惠及贫困家庭。马萨诸塞殖民地的法律规定：城乡学校面向大众，教育面前人人平等。1662年，百慕大已经建有免费学校，其赞助人尼古拉·费拉尔曾捐出彭布罗克郡宗族的两块土地。1702年，福音传播协会为殖民地传教人员和教师制定了行为准则。1721年和1731年，南卡罗来纳的圣托马斯教区捐出巨额遗产资助贫困儿童的教育事业。

（四）教育与宗教一脉相承。实际上，殖民地的公共教育就是宗教教化，世俗教育几乎不存在。宗教组织的存在让每个院校都染上了宗教

---

① 爱德华·西摩尔（Edward Seymour，1633—1708），曾任英格兰下议院议长、司法大臣。——译者注

詹姆斯·布莱尔
（1656—1743）

威廉－玛丽学院

爱德华·西摩尔（约 1632—1708）

乔治·伯克利 （1685—1753）

色彩。康涅狄格的耶鲁大学由基督教公理会创建；新泽西的普林斯顿大学由基督教长老会创建；纽约的哥伦比亚大学和费城学院由英国国教创建。部分教会资助的地方院校具有宗教排他性，如耶鲁大学的教授必须签署信仰声明，承诺除在圣诞节和圣礼日领受圣餐外，学生参与任何英国国教活动都会受到处罚。哈佛学院的章程虽然不具有宗教排他性，但其授课内容仅限于神学，并没有涉及约翰·胡克、詹姆斯·厄谢尔、杰里米·泰勒、威廉·奇林沃思及其他为"英格兰神学的黄金时期"做出贡献的圣公会教徒。学校隶属于教会，校舍建在教堂内，因此，学生们自然而然地信仰不同宗教。英国在加拿大建设殖民地期间，教堂、医院、学校等公共设施相携共生，秩序井然，耶稣会的活动有效促进了教育的发展。

詹姆斯·厄谢尔（1581—1656）

## 第 11 章 殖民地的教育与宗教

（五）殖民地的种植园区并不重视教育。弗吉尼亚曾两次尝试建立学院，但都以失败告终。亨利科的办学计划夭折，威廉－玛丽学院还没有步入正轨。虽然资金雄厚，并且由威廉·韦克大主教担任校长，但威廉－玛丽学院依然没有获得弗吉尼亚贵族的支持，最终湮没无闻。

1742 年，殖民地的"学院内没有礼拜堂，没有设立奖学金，没有制订规章条例，图书馆里空空如也，校长薪资不保，教员没有资格参政"。

1710 年，克里斯托弗·科德林顿上将将巴巴多斯的两块土地捐出，用于兴建学校。但直到 1830 年福音传播协会才在西印度群岛筹建了第一所学校。

威廉·韦克（1557—1637）

## 一、殖民地教育遇冷

18世纪末至19世纪初,殖民地的教育遭遇挫折,并殃及英国本土的教育。各殖民地的有识之士不再乐此不疲地筹建院校,现有院校的办学质量逐渐下降。思想家和数学家不断涌现,但他们研究范围有限。显然,19世纪的知识与道德已经与18世纪的传统产生了冲突。威廉·威尔伯福斯了解到,在费舍尔、阿斯卡姆、福克兰和斯特拉福德等地的学院里,家境富庶的青年都不愿意钻研学问。威廉·华兹华斯无奈地宣称自己"与那个时代格格不入"。文法学校因陷入繁文缛节而无法自拔。基督教知识协会虽然资助了五百所学校,但诺威奇主教称,1810年只有不到

威廉·华兹华斯（1770—1850）

三分之二贫困家庭的孩子接受过教育,甚至有一些孩子完全没有受过教育。毋庸置疑,殖民地教育的状况亟待改善,英国人将再次成为"救世主"。

**二、教育现状**

1807 年,英国－海外学校协会成立,服务于不隶属任何宗教派别的学校。1811 年,英国国教支持并筹建了国家学会,其宗旨是为各教区创建优质学校。然而,殖民地教育状况的改善进程依然非常缓慢。截至 1833 年,英国－海外学校协会仅创建了一百六十所学校,国家学会在英格兰和威尔士的一万一千个教区里筹建了六百九十所学校。1833 年,英国政府谨慎地拨出了第一笔款项,并在 1839 年组建了枢密院教育委员会。截至 1870 年,约有两百万儿童就读于国家学会学校,小学教育被纳入义务教育体系。这一切都得益于国家与各协会的同力协契。

作为英属殖民地,西印度种植园区、加拿大和开普敦的定居地依然处在初级发展阶段,教育状况不容乐观。后来,英语在殖民地得到普及,教育遇冷期结束,所有殖民地开始大力发展教育。殖民地与宗主国都意识到,所有儿童都拥有受教育权,社会要为儿童提供最好的教育机会。

一些殖民地的教育体系非常完善,但有一些殖民地尚待规划。高等教育与基础教育都需要依靠政府补贴和基金维系。大多数殖民地的小学教育基于义务教育、世俗教育、免费教育的原则,由中央政府统一管理。即使在民众散居的新南威尔士,小学教育也属于政府补贴和基金的资助范围,而且教师四处流动教学。一部分殖民地规定,由国家负担职业技术教育的开支。较大的殖民地教育范围覆盖全面,大学下设了附属医学院和法学院,提供花费高昂且毫无益处的欧洲留学机会。殖民地的办学模式更接近苏格兰,而不是英格兰。学生只有住在由教会资助的大学宿舍里，才需要遵守各种规定。学业结束后，在各类学会的鼓励下，学生可以继续钻研学问、探究科学。譬如，新南威尔士的皇家学会涵盖医学、植物学和文学研究。一些殖民地面积过小，不足以创建一所大学，也无法为学生提供远赴英国大学深造的机会。

### 三、教育联盟

殖民地与宗主国的教育机制一脉相承。殖民地的高级教师都是从英国大学聘请来的。很多学生毕业后会去牛津和剑桥继续深造。根据新的立法，牛津大学与剑桥大学有权吸纳殖民地或印度院校的学生。殖民地已有四所学院正式附属于牛津大学。剑桥大学设有加拿大及澳大拉西亚社团，其中不乏来自开普敦和西印度群岛的学生。著名的爱丁堡医学院拥有殖民地无法提供的先进设备，并开展了高端医学研究，而且医药学科教育卓有成效，成为殖民地青年的首选院校之一。许多殖民地学生在伦敦医学院和律师学院求学。英国皇家医学院和英国皇家外科学院历史悠久，许多拥有澳大利亚学院文凭的学生在这里深造。英国与澳大利亚之间，以及各殖民地之间的教育政策互惠互利。

广义的"教育"指的是终身学习，"出版业"与"游历"成为两大文化教育手段，并且卓有成效。

"出版业"旨在传播知识，影响深远。主要的英属殖民地出版社发行英文日报、周刊、月刊和季刊，由此形成了殖民地的文化生活中心。此外，殖民者还可以大量发行私人报纸，日报、周刊和半月刊在小镇上随处可见。伦敦殖民研究所定期收到从英国各地发来的一百七十多种期刊。殖民地的办刊理念是："殖民者运用自己的智慧创办刊物。"美国出版界与此相同。

"游历"一般费用不高，且申请程序简单、游历过程轻松。继承或赚取了一定财富的殖民者迫不及待地想返回英国。与此同时，越来越多英国人走出家门，前去探索世界。如果与世隔绝、不谙世事，就无法在镇县委员会谋得一席之地。从过路费到村里的牛瘟，如果想对这些问题做出合理解释，就需要拥有广阔的视野。罗斯伯里伯爵阿奇博尔德·普里姆罗斯对公共事业非常感兴趣，并为年轻人做出了表率。如果将这些事务交给阅历浅薄、不体民情的官员处理，那么依靠殖民部管理殖民事务就会成为天方夜谭。

教育内容的重要性无须赘述。无论是英语还是殖民地的语言，都是文学研究与科学探索的瑰宝。长久以来，殖民地的文学作品被宗主国文学的光辉遮蔽。这些作品不仅包括经典的鸿篇巨著，还涵盖了当代的文学样式和先辈们的高雅文学。在科学领域，殖民地的主要贡献在于新材料的发现，并为科学研究提供了机遇。在艺术方面，殖民地毫无优势可言。欧洲的画廊和雕塑馆一再暗示，殖民地的艺术家是远古文明的后代。科学积累了财富，并且代代相传，但艺术的回馈要么在数代传承中丧失殆尽，要么会获得艺术女神更多馈赠。殖民地充分发展艺术，购买并分享欧洲艺术宝藏，以感恩之心接纳精美的雕刻品、精致的建筑绘图、精心铸造的雕塑等瑰宝。也许英国的土地终将贬值，但殖民者拥有的艺术瑰宝及时体现出殖民政府和市政当局的雄厚财力。目前，英国政府并不重视国民本该享有的教育优势，致使英国的教育水平和智力发展落后于殖民地。一名殖民者游历欧洲时，其表现令同行的英国朋友刮目相看。因此，游历可以积累文化阅历，从而对事物做出艺术的判断，即所谓的"品位"。

### 四、原住民的教育

殖民伊始，原住民的教育与其宗教信仰的转变息息相关。原住民和殖民者子女的教育实例足以说明，早期殖民者轻视有色人种，并认为教化原住民就像改变信仰一样困难。

詹姆斯一世的皇家信函曾谈到拟建的亨利科学院："在蛮荒贫瘠的地方创办教堂和学校，在异教徒中传播福音。"弗吉尼亚公司的财务主管艾德温·桑兹也曾收到一笔匿名捐款，捐款者要求"培养七到十二岁印第安儿童的基督教信仰，让他们在二十一岁时接受知识与技能培训，使其像弗吉尼亚的英国人一样享有自由和平等"。

亚德利与波哈坦的酋长们与殖民者签订了特殊条约，以保障印第安儿童可以进入亨利科学院学习。哈佛学院也签署了相关协议，开始筹建"印第安学院"。传教士约翰·艾略特使用的是印第安语版本的《圣经》和单张福音。

六十年后，即1693年，威廉－玛丽学院创立。罗伯特·波义尔在教化与教育印第安人方面做出了突出贡献，被威廉－玛丽学院特聘为教授。

英属殖民地不支持、不赞成甚至禁止黑人接受教育。在周末和节假日，黑人需要回到田间劳作，养家糊口。在荒僻的种植园里，黑人幼童要做一些采集石子或除草的工作。1704年，福音传播协会在纽约开设了黑人学校，并在巴巴多斯的科德林顿建校。1817年，圭亚那的英国总督曾呵斥一位牧师道："你竟然敢教授黑人读写，你不能再待在这里了！"在殖民地种植园里，教育活动主要以宗教崇拜的形式进行。

印度本土对教育的漠视阻碍了教育政策的推行，这种状况一直持续到19世纪中叶。1813年，东印度公司试图禁止任何将印度人"欧洲化"的行为。1833年，《麦考利教育法》开始在殖民地上层阶级中流行。随后，教育改革席卷了整个印度半岛。目前，印度的师生数量达三百五十万人，其中包括一小部分印度儿童，而且儿童受教育率是十年前的两倍。此外，还包括十分之一女性，但印度并没有做好大规模开展女性教育的准备。印度各区都设立了高中，开始教授英语、梵语和阿拉伯语，以取代原欧洲学校的拉丁语和希腊语。印度拥有六所知名大学和众多学院，一流学府多以政府补贴为主，由传道协会管理。多年来，传道协会掌控着印度的教育，如塞兰坡的凯里学院和马德拉斯的长老学院。这两所学院都在印度教育史上地位显著。

随着英国对教育的日趋关注，英属直辖殖民地也开始重视教育问题。1866年，牙买加登记在册的学者有一万九千名，1888年增至七万五千名。目前，牙买加仅有一所公立学校，教师大多训练有素，约千分之一[①]的殖民地居民在此接受教育。

## 第 2 节　宗　教

### 一、殖民地的宗教信仰

西属与葡属殖民地展开了一项关于欧洲人宗教信仰的调查。结果显示，由于受到气候和异教徒的影响，这些殖民地的道德力量明显被削弱，逐渐远离了基督教世界。基督教在南美各共和国也呈现日薄西山的态势，与欧洲的罗马天主教相差甚远。罗马天主教廷在法属殖民地和法兰西本土的影响力逐渐衰弱，表现出江河日下之势。

英属殖民地的宗教影响程度不一，宗教活动贯穿在整个殖民史中。宗教与殖民运动高度结合，并在英国国内蔚然成风。理查德·哈克卢特分析了宗教在殖民地早期的作用，并预言国内最虔诚的教徒将成为殖民地的宗教领袖。《弗吉尼亚宪章》附则的"皇家法令"规定："根据英国国教的教义和信条，殖民地总督、立法委员会、部长必须传播上帝之音，培育基督信仰，恭行教徒之奉，不仅要在殖民地以身作则，还要将基督教义散播到邻近的蛮荒之地。"

罗伯特·亨特牧师曾得到坎特伯雷大主教的授权，理查德·哈克卢特推荐其加入探险远征队。据说，詹姆斯镇的布道讲坛是一座由顶篷帆和钉在两棵树上的木条组成的原木小屋。时至今日，我们可以在约翰·史

---

① 殖民地总人口为六十万，其中受教育人数为八百人。——原注

约翰·艾略特（1604—1690）

罗伯特·波义尔（1627—1691）

密斯的作品中，看到这样的描述："像家常谷仓一样设起神龛，要求我们每周日进行祷告与布道。"基督教神职人员必须缴纳什一税，缺席礼拜者和违背安息日律法者将受到惩戒。弗吉尼亚殖民地的清规戒律与英国国内大同小异。

　　流亡者在新英格兰建立了教堂，但仍然受到殖民地政府的管理。新英格兰中部地区的宗教组织不受殖民地政府的控制，直接接受英国本土的管辖。1649年，在《长期议会法案》的推动下，奥利弗·克伦威尔募集了一笔善款，创建了旨在推广新英格兰宗教的公司，并由罗伯特·波义尔担任首席顾问。在安妮女王统治时期，首席顾问托马斯·布雷筹建了两大协会：基督教知识促进会和福音传播协会。基督教知识促进会的第一次会议由托马斯·布雷和一位贵族、两位律师及一名军人共同主持召开。在西印度群岛，学者与军人们秉持清晰的宗教信仰与教义，创建了牛津大学的著名文库——众灵文库。乔治·伯克利主教试图在北美殖民地创建学院，但因罗伯特·沃波尔的冷漠态度而流产。18世纪最杰出的两位主教约翰·巴特勒和托马斯·威尔逊都是狂热的宗教支持者。即使在早期的植物湾流放地，也存在大量宗教元素。保守派作家威廉·佩恩谈道："这个地方唯一的文明元素，就是存在像理查德·约翰逊这样甘于奉献、自愿再次陪伴罪犯的牧师。"理查德·约翰逊在澳大利亚殖民地传教布道，冒着教堂随时可能被焚毁的危险，自掏腰包修建了教堂。英国的基督教协会逐渐在殖民地发扬光大。总之，这些协会再现了英国基督教的辉煌，虽然形式各异，但依然将宗教作用发挥到了极致。各个宗教的分支代表随着移民大潮来到殖民地，宗教势力也随之改变。有的宗教分支脱离了原宗教协会，形成新的宗教组织。基督教的卫理公会信徒众多，成功吸纳了许多异教徒。英国国教没有依据法律强迫民众信教，导致部分信徒流失，但由于其持久的感召力，信徒数量依然多于非国教教徒。

## 第 11 章　殖民地的教育与宗教

托马斯·威尔逊（1741—1813）

受产业生活的影响，英属殖民地人群散居，宗教思想与社会生活体现出物质化倾向。这种倾向表现为：第一，强大的精神力量尚未显现；第二，人们逐渐疏离宗教，不再遵纪守法、勤俭节约、戒酒禁欲、互帮互助。殖民者也耽于物质享乐，不再积极传播福音。基督教对个人品行的约束和对家庭生活的保障荡然无存，人们普遍缺乏宗教热情。随着城镇规模的扩大，各个阶层的闲散人口越来越多，欧洲的发展模式再次在殖民地上演，人们潜在的宗教热情重新被唤醒。

詹姆斯·穆尔豪斯大主教敏锐地判断说："总体来说，殖民地人民的宗教热情远胜英国国内的资产阶层。"即使在穷乡僻壤，也有一群殚精竭虑的思想家，通过自己的智慧解决了许多宗教问题。詹姆斯·穆尔豪斯大主教称，仍然有一些人于孤寂的夜晚在柴火堆旁读书看报，"宗教是令人振奋的礼拜，是发自内心的愉悦，是在与思想者倾诉心声，或平静、或热切、或感激。宗教思想定会永存，其精神与教徒同在"。

### 二、宗教联盟

宗教是联系宗主国和殖民地的纽带，宗教联盟是一种同声相应、同气相求的重要机制。在坎特伯雷大主教的主持下，一百五十多位英国国教主教及其附属教会每隔十年召开一次颇具影响力的会议。由于英国和美国之间横亘的政治障碍，具有崇高宗教目的的联盟最终分裂。殖民地的主教来自英国教区，为当地牧师传授英国国内的宗教知识。卫理公会与殖民地互派代表参加由基督教长老会组织的会议。随着时间的推移，公理会的各教派也开始互派教友进行交流，甚至会专门安排类似的参访活动。罗马教会虽然具有极强的凝聚力，但一直游离在英国之外。

### 三、宗教与原住民

基督教的传教大业始于东方探险和新大陆的发现。此后，利益特殊化、全球多元化和影响深远化的历史新篇章正式开启。人们对各个宗教的体验不尽相同，感受各异。正如"汝之蜜糖，彼之砒霜"，只有通过一致的标准，才能衡量各宗教发展的过程和结果。从历史角度来看，宗教也存在世俗因素。一些宗教问题的终极答案可能存在于另一个世界，但可能就在眼前。如果皈依基督，那么圣洁与正义将是通向上帝的阶梯。人类行走在一条没有历史入口的道路上，终将摘得信仰的果实，基督教影响着公民们的道德生活。因此，从历史的发展角度来看，任何否认宗教存在的历史都是不公平、不完整的。

宗教对殖民地的影响有如下几个特征：

（一）宗教之光。基督教牧师在传教时，非常重视个人品性，并对殖民地的原住民进行言传身教。

# 第 11 章 殖民地的教育与宗教

圣方济各·沙勿略（1506—1552）与出征的将士

每每回顾传教史，我们发现任何甘于奉献的教徒都是受人爱戴的杰出人物，相关例证不胜枚举，如圣方济各·沙勿略、亨利·马丁、约翰·艾略特、威廉·凯里、艾多奈拉姆·耶德逊、亚历山大·达夫，以及其他许多无私奉献的夫妇，他们的姓名被镌刻在一起，永不磨灭。我想，没有比他们更德厚流光的人了。虔诚的殖民地原住民或温文尔雅，或举止粗鄙，但都拥有强大的道德与精神力量。殖民地每所教堂的修建都基于教徒的精神力量，"人固有一死，或重于泰山，或轻于鸿毛"。

无论这些教徒高尚与否，宗教的客观影响都不会改变。就像凯里学院和利文斯敦学院一样，附属于伊顿公学、牛津大学和剑桥大学的塞尔温学院与帕特森大学通过简单粗暴的方式，教化波利尼西亚男孩，使其成为鞋匠或手工业者，而这些男孩无法根据自然法则或基督律法明辨善恶。我们必须承认，高尚的道德行为和优良的道德品质都是天性使然。雅利安人因宗教信仰显得高贵，明显优于蒙古人和黑人。

（二）传教士使殖民地原住民意识到了民族团结的重要性，但一部分原住民对此并不苟同，如婆罗门教徒经常对英国人嗤之以鼻。只有坚信任何民族都可以接受教化，才能引领所有民族共同进步。远古时期，大自然繁衍出了诸多人类种族。基督文明的根本所在是"人性"，但同源概念中没有与之对应的"非人性"。人类应该团结一致，方可万物共生。传教士的职责是让人类共享文明遗产。他们高瞻远瞩，为全人类传播福音。虽然现在依然存在种族划分，但人类终将变成一个命运共同体。

（三）无私的基督徒善行不断，而且永不言弃。新的殖民者攻城略地，互相展开了激烈的角逐。渴望"攫取黄金的基督徒"令殖民地的原住民恐慌无比。

西班牙人本来不应该出现在胆小怯懦的美洲原住民面前，他们通过剥夺原住民的人权牟取暴利，令西班牙蒙羞。在美洲殖民地的避难所，自戕事件经常发生。约翰·安德鲁·多伊尔先生在《美国》一书中写道："只有竭尽全力保护原住民的牧师，才能免受众人的谴责，甚至得到嘉奖。他们向西班牙政府控诉殖民侵略者的罪行，想尽办法改善原住民的生活状况，为了原住民的利益甘愿牺牲。"他对这种善良进行了描述："美洲原住民遭受迫害时，只有虔诚的基督教传教士愿意为他们赴汤蹈火。"早期的英属殖民地也有类似的情况发生。追根究底，欧洲人的极端暴行令人发指，几乎所有惨绝人寰的野蛮行径都曾在殖民地一一上演。譬如，殖民者在新西兰侵扰捕鲸者，在波利尼西亚残害伐木工，在塔斯玛尼亚岛鞭笞罪犯，通过酒贩摧残南非的土著酋长，致使其发疯而死。一些殖民者自私贪婪、冷酷无情。在最黑暗的殖民时期，基督教传教士捧着《圣经》，背着十字架走向殖民地，抚慰原住民的恐惧和憎恶情绪，阻止殖民者的种种暴行。无论是早期的新西兰历史，还是本世纪末的新几内亚和新赫布里群岛的传教经历，都揭露了这段广为人知的历史：传教士背井离乡，终其一生为原住民的权益奔走。

## 第 11 章 殖民地的教育与宗教

然而，大多数传教士墨守成规，使殖民地的原住民误将传教视为一种职业。但仍然有成百上千的传教士专心致志地传播福音，使整个欧洲团结一心，也使印第安人得到了白人的尊重与信任。基督教徒从"为门徒洗脚"中得到了启示，殖民地教堂让蒙昧的原住民感受到了信仰的力量。

（四）与日常生活高度契合。生活在殖民地的商人与政府官员以身作则，不仅向人们展示了如何诚信为商、服务于民及善待他人，还诠释了日耳曼民族的生活理念，即"以家为家"。虽然这些影响远不及自我奉献那么打动人心，但意义非凡。和谐幸福的家庭是维系殖民地的纽带，也是殖民地的财富。在印度，部分原住民内化了英式思想，成为虔诚善良的基督徒。普通信徒正直勤勉，经过教化也能拥有欧洲商人或官员高尚、公正和仁慈的品质。代表白人社会美德的传教士利用善款筹建传教基地，并互派代表团，以仁慈之心宽恕懒惰无知的普通教徒。

宗教对原住民中的富商和清官影响深远，尤其对循规蹈矩的虔诚教徒。原住民欣赏的美德是情操高洁、遵纪守法、温文尔雅，不屑与猥琐庸俗的白人为伍。

除了罗马教会，英国、德意志帝国、瑞士、法兰西第三共和国、丹麦、荷兰和美国有近两百个新教传教团。目前，殖民地的殖民活动大多伴随着宗教活动。1870 年，自英国殖民斐济、贝专纳、布尔玛和新几内亚以来，宗教活动应运而生。

我们还应该注意以下两点：

（一）宗教组织跨越了国家界限，欧洲文明不再局限在某些政治区域，宗教成为文明的一部分。一些宗教协会渴望得到英国的认可，但有一些协会将目光投向了中国、日本和信仰伊斯兰教的国家。基督教的传播与商贸往来一样，超越了人种的界限、政治的阻碍和地域的划分。

（二）英国的民众只了解人类的起源，对世界知之甚少。地理大发现拉开了人类认识世界的帷幕。很少出门游历的英国人只能从退休或回家休养的传教士口中得到一些新奇的信息。因此，宗教组织使英国公民获得了新知识，了解了世界。

此外，还要注意区别以下三种态度：

（一）国家宏观指导。西班牙和葡萄牙依然是罗马教会的武器；墨西哥的异教徒排查行动远比西班牙本土严苛；英国宗教委员会派遣牧师外出传教；新南威尔士政府开始资助牧师；西印度群岛依靠主教的募捐发展宗教事业。

（二）消极对立。从18世纪的伯克利时代到1813年[①]，英国政府为官不为、懒政怠政，尤需公民和衷共济、群策群力。

（三）保持中立。英国政府强调宗教的主体地位，弱化了国家职能。教堂与学校是重要的国家资产，受到法律保护。在非洲，英国的特许公司与传教协会积极发展宗教事业，殖民活动与宗教活动并驾齐驱。传教协会在澳大利亚、新西兰和加拿大的新斯科舍自行发展，成绩斐然。

---

① 英国政府不作为的情况在1813年尤甚。——译者注

# 第 12 章

总结与反思

## 第 1 节 英国的对外政策

通览大英帝国的发展历史,英属殖民地的政治和商业对英国的对外关系影响深远。约翰·罗伯特·西利的专著《英国的扩张》也阐明了这一点。这本书结构并不复杂,但陈述过于主观,容易误导读者。尽管书中的很多观点并不新颖,却备受史学家关注。儒勒·米什莱和维克托·迪吕伊也意识到了殖民地的影响力,如英格兰与法兰西起初携手推进殖民事业,后来反目成仇;法兰西支持奥利弗·克伦威尔,反对查理一世和查理二世;詹姆斯二世与奥兰治的威廉反戈相向;法兰西为防止鸟焚鱼烂整治内乱,驱逐了新教徒,但英格兰对此无能为力;为防止西班牙独占海上霸权,英格兰反对西班牙与法兰西结盟,又迫使法兰西弃盟普鲁士;英国堆金叠玉,支持普鲁士与奥地利结盟;两百年来,互为对手的法兰西与奥地利最终结盟。法兰西曾支持西班牙国王捍卫自由,但在不断调整政策。虽然专制主义使法兰西走上了毁灭之路,但并不影响其对法属殖民地的庇护。法兰西大革命使法属殖民地东山再起。特拉法尔加战役和滑铁卢战役后,英法两国重现了久违的和平景象。

当然，英格兰依然是法兰西的劲敌。弗里德里希·亨利希·格夫肯曾指出："奥利弗·克伦威尔时代已经到来，殖民地的政策成为英法或英荷战争的导火索。"

1815 年，《维也纳和约》的签订阻滞了英国的殖民进程。英国承认比利时和希腊两国独立，并将土耳其视为联络亚洲的通道。由于干预政策过于理想化，欧洲各国考虑到战时的商业利益，纷纷实行不干预政策，解决了法兰西、意大利、德意志三国之间的争端。但如果英国在世界范围内实行不干预政策，一旦各殖民地蠢蠢欲动，大英帝国将瓦解冰消。英国是否采取不干预政策视情况而定。如前所述，我们绝不会用武力解决欧洲问题。即使比利时、丹麦、荷兰遭到了侵扰，也不能干涉。英国既没有外患，也没有内忧，只需要关注欧洲以外的殖民事务，以及与其息息相关的对外政策。

## 第 2 节 英属殖民地的发展

新的供给源、原材料、制造业需求及资本与劳动力的关系都影响着殖民产业的利息、利润和薪资。英国国内调整并扩大了产业结构，殖民地的政治联盟也影响了经济政策，由此产生的经济纽带和垄断学说备受民众青睐。

种植园和工厂在殖民地产业组织中占比较大，发展前景也很乐观。阿尔弗雷德·马歇尔认为，资本运作是劳工组织通过货币支付手段促进劳动力的流动，为新时代的发明与变革磨砺以须。他说："包括美洲在内的英属殖民地为现代政治经济奠定了基础。"

英属殖民地为英国产业提供了源源不断的动力。美洲殖民地致力于机械发明，努力将生产与贸易结合，资本运作在工商业领域发挥得淋漓尽致，最终成为英语世界的佼佼者。犹太资本家在英国大兴商贸，英德

《维也纳和约》签订

一起在美洲将其发扬光大。现有的英属殖民地历史短暂、根基不稳，但依靠投机活动焕发了生机。

由英国模式演变而来的政治制度为政治学提供了丰富的研究领域。这种政治制度形式多样，不同民族不尽相同。社会思潮的变迁、欧洲大陆的种族融合、摆脱旧习俗束缚后的自由感等，加快了社会制度的变革。

英属殖民地的科学与艺术成就并不突出，也没有可以参考的史料。新的科学与艺术形式丰富多彩，给了人类展示自我、获取新知识的广阔空间，尤其是物理学科。德意志的科学与艺术成就斐然，但英属殖民地与之不同。不过，教养良好的英国人和印度人在语言、宗教和国民教化方面，远胜德意志帝国。英国人博学多识、爱才怜弱，其思维方式和行动能力一定能在这个伟大的时代独树一帜。

阿尔弗雷德·马歇尔在《经济学原理》中开宗明义说："建构世界历史的两大力量是宗教与经济。"曾几何时，人类对军事的狂热与对艺术的追求不相上下，"但对宗教与经济的青睐却一直居于前列"。

这个观点掷地有声，并在英国殖民史甚至欧洲文明史上被学者们不时征引。宗教与经济活动贯穿了英国的整个殖民进程，有人为了谋求一己私利，将资本运作和劳动就业扩展到了殖民地。也有人不为私利所动，在殖民地积极推行宗教教化。军事远征与海上霸权曾名噪一时，但现在已经不复往日的风采。艺术精神尚未彰显出力量，但科学精神早已独领风骚。反观伊丽莎白一世时代，宗教与经济依然影响了英国社会的发展。

## 第3节 六大国家

1815年以来，世界各国或趋向联合，或寻求独立。最具影响力的六大国家包括英国、法兰西、德意志、美国、中国，以及横跨欧亚的俄国。这些国家相克相济，相互影响。

## 第 12 章　总结与反思

美国盘踞在美洲，一旦受到威胁，就会示威反抗。七十年前，詹姆斯·门罗总统曾宣称，美国的自由发展拒绝任何欧洲国家的干涉。美国反对西班牙对殖民地实施镇压，继而反对法兰西侵占墨西哥。即使墨西哥含污忍垢，美国也不会袖手旁观。美国禁止西班牙随意处置古巴岛，不让丹麦舍弃库拉索岛，也不允许海地在欧洲的庇护下任意妄为。虽然桑威奇群岛已经与英国、德意志和萨摩亚建立了联合保护关系，但美国仍然不允许其建立任何保护区。由此可见，美国具有全球视野。如下表所示的美国在 1882 年到 1889 年的移民状况呈现国际化态势[①]：

詹姆斯·门罗（1758—1831）

---

[①] 1880 年美国本土人口为二千九百万；各国移民至美国人口为：德国五百万人；爱尔兰四百七十五万人；英格兰、苏格兰和威尔士二百万人。英裔加拿大人、法裔加拿大人、斯堪的维亚人各约五十五万人；其他欧洲人一百二十五万人；有色人种六百五十万人；印度二十五万人；中国二十五万人。如表所示，英国人占 1882 年到 1889 年移民总量的三分之一。——原注

| 国家 | 人口 | 国家 | 人口 |
|------|------|------|------|
| 英国 | 145000 | 比利时 | 2000 |
| 瑞士 | 7000 | 奥地利 | 21000 |
| 挪威 | 16000 | 意大利 | 30000 |
| 瑞典 | 37000 | 俄罗斯 | 21000 |
| 荷兰 | 4000 | 匈牙利 | 13000 |
| 波兰 | 4000 | 法国 | 4000 |
| 丹麦 | 8000 | 德国 | 135000 |

俄国没有意识到地处亚洲的局限性，也没有偃旗息鼓。除了欧洲南部，俄国已经无处安身，只能依靠阴谋诡计和穷兵黩武政策垂死挣扎。

德意志帝国国力鼎盛，是西方最晚开展大规模殖民活动的国家，并在非洲拥有萨摩亚、新几内亚及其邻近岛屿等殖民地。如果德意志的目标是在马来半岛设立保护区，那么它在曼谷创建的贸易公司就是商业前哨，暹罗也可能成为德意志的印度殖民地。

殖民地位的丧失令法兰西心有不甘，渴望卷土重来。睿智的经济学家和公众人物对此非常重视，竭尽全力估算每份资产的价值。法兰西国内人口稳定，政府并不支持移民，殖民运动收效甚微[①]，但法兰西终将东山再起。因此，世界各国不该囿于成见，而应与时俱进。

中国正处在多事之秋，正如其领袖人物所言，中国的觉醒刻不容缓。欧洲各国在中国的贸易扩张看似为中国人提供了机会，实际上导致了劳动力过剩。四亿中国人口迁移有迹可循，中国人遍布世界各地。美国与澳大利亚调整了政策，支持中国关闭港口，拒绝外来人口涌入。美国遏制了国内的移民活动，其移民数量由每年三万人骤减至几百人，且移民需要支付高昂的赋税。

相比之下，英国与各国的交往非常密切，自由贸易惠及全世界，而且国内产业繁荣，人们大多多财善贾。黑格尔在《历史哲学》中界定了

---

① 1879年到1888年，法兰西的移民每年不足五千人，但意大利的移民高达五万六千人。——原注

英国的民族特性："工商业促进了英国的物质繁荣，商业精神指引英国人漂洋过海、结交蛮夷、兴建产业，向世界传播文明。英国应该建章立制、保护财产、惩恶除暴、礼待他人。"

欧内斯特·米歇尔曾调查了英国殖民运动成功的原因，发现英国顺应潮流、敢为人先，而且务实守法，令人印象深刻。其井然有序的产业结构为经济发展奠定了基础。伊丽莎白一世时代的探险家们曾指出："政府秩序良好，人民恪尽职守、诚实守信。"

英国的政治自由体现在英属殖民地政治形势的变化方面：

（一）以沃尔特·雷利为代表的探险时期，国家在此阶段支持殖民；

（二）以奥利弗·克伦威尔为代表的稳定时期，国家在此阶段指导殖民；

（三）以威廉·皮特为代表的贸易初期，国家在此阶段开拓贸易殖民地；

（四）以詹姆斯·库克为代表的探索时期，国家发现了新大陆；

（五）以理查德·科布登和约翰·布赖特为代表的贸易时期，国家进行统筹管理，却忽视了殖民地；

（六）以约翰·斯图亚特·米尔为代表的履责时期，国家再次意识到殖民的重要性；

（七）以比肯斯菲尔德伯爵本杰明·迪斯雷利为代表的帝国主义时期，国家开拓疆界，帝国重塑地位。[①]

## 第4节 未来面临的挑战

目前，英国并不是坚若磐石，军备量小力微，仅能保证自卫。如果其他国家心生嫉妒或分朋树党，英国一定会四分五裂。弗里德里希·海

---

① 比肯斯菲尔德伯爵提议，英国应将注意力放眼海外。——原注

本杰明·迪斯雷利（1804—1881）

因里希·格夫肯预言，如果法兰西与俄国结盟攻打英国，德意志与美国可能会袖手旁观。因此，英国必须考虑增加军费开支。① 如果英国枕稳衾温，不再盛食厉兵，也不再追求帝国梦想，一定会使兵挫地削。拉乌格海战后，法兰西在加拿大和印度的发展受阻，而新任财政大臣再无让-巴普蒂斯特·柯尔贝尔和约瑟夫·弗朗索瓦·迪普莱的谋略与才干。他们一意孤行，导致法兰西兵败垂成。

---

① 预算如下：英国陆军和海军每年开支三千八百五十万英镑（包括一些新的债务）；印度一千七百万英镑；各殖民地二百万英镑。英国五千七百万英镑；法国三百六十万英镑；德国三千二百万英镑；俄国二千九百万英镑；美国一千二百万英镑。昂贵的花销和分散的领土都无法权衡利弊，这似乎不是筹钱的问题，而是如何以不同的形式花钱。——原注

## 第12章　总结与反思

英国的发展势如破竹。为确保国家安全，英国应该不惜一切代价，加大军备投入。如果对手在战争伊始占得先机，英国一定会士气低迷，无法力挫法兰西。到时，英国及其民主制将重蹈两百年前法兰西贵族的覆辙。但事实上，威灵顿公爵已经将法兰西人逐出了伊比利亚半岛，称霸南部。1871年，法兰西第三共和国臣服德意志帝国，约瑟夫·弗朗索瓦·杜布雷被罗伯特·克莱夫逐出了印度。这一切表明，加强军事是成功的必由之路。

具有三百年悠久历史的大英帝国可能会因一场战争毁于一旦，其影响力也会随之而逝。如果有人对此持有异议，就需要寻根探源。大自然没有创造出亘古不变的事物，世代英雄为伟大的事业鞠躬尽瘁，但任何愚蠢行为都会将其付之一炬。约克大教堂在一夜之间灰飞烟灭，但只要人民众志成城，大英帝国就不可能毁于旦夕。如果英国大厦将倾，一定是内忧外患所致。

欧洲的军事时代已经逝去，产业革命随即登场，各国将在产业领域展开角逐。德意志帝国的产业欣欣向荣，法兰国不得不甘拜下风。英国的军事力量势不可当，产业地位也坚不可摧。如果一味置身事外、畏首畏尾，帝国大厦将危于累卵。诚然，只要举国上下万众一心，一两次战役绝不会毁灭英国，但坐以待毙一定会令国人懊丧不已。灭顶之灾往往是祸起萧墙，而不是敌国外患。提尔、迦太基、威尼斯曾显赫一时，但盛况虚浮时往往会带来危机。英国的繁荣稳定不仅依赖民族特性，还受到外部因素的影响。

政治因素对英国发展影响甚微。毫无疑问，即使大英帝国即将瓦解，殖民进程也会继续。英国征服了北美和澳大利亚，并殖民非洲和印度，其海上影响力举足轻重。无论王室存在与否，英国的影响力都不容置喙。商业"帝国"已然创立，商贸活动蓬勃发展，国民利益得到保障。即使大英帝国风雨飘摇，但其文明必然会走向世界。

弗里德里希·海因里希·格夫肯警告说，英国的前景不容乐观，必须采取行动应对当前的危机，但这未免有些言过其实。立足当下，放眼未来，我们发现正是大英帝国造就了强大的政治联盟、经济联盟与精神联盟。

定居在大不列颠群岛的英国人主要依靠煤炭与矿产资源生活，但资源终有消耗殆尽的一天。反观历史，殖民事业推动了英国的移民浪潮，英属殖民地百废俱兴，煤矿资源再度被开采，人民安居乐业，大英帝国终将冲破地理环境的束缚，惠泽全世界。

## 第5节 政治遗留问题

很多问题亟待解决，但世界格局的变化加剧了这些问题的恶化。

（一）帝国联邦遗留的问题如下：

1. 殖民地邦联：澳大利亚、南非、西印度群岛。

2. 英属殖民地外交：自由签订商贸条约。

3. 探究向殖民地首领分配政府职能的办法，以及如何将其推行至印度土著居住的各地区。

4. 政治平等的观点无法真正付诸实施，但假意行之必将受阻。

5. 政治纽带的价值。

（二）对外关系遗留的问题如下：

1. 根据《乌得勒支和约》和各殖民地的诉求，法兰西享有纽芬兰海岸的特权。

2. 加拿大为反驳美国私人海域的说法，声明其享有贝林海洋渔业。

3. 新喀里多尼亚和澳大利亚的法兰西人非常反感英国移民。

4. 萨摩亚的三重保护区。

5. 统辖埃及。

6. 鸦片贸易。

7. 外国人在中国和日本的地位。

8. 葡萄牙阻碍了非洲的文明进程。

9. 英国的国防事业。

10. 各殖民地为大英帝国的防务群策群力。

（三）贸易遗留的问题如下：

1. 大英帝国的商业联盟。

2. 澳大利亚商业联合会。

3. 西印度群岛、毛里求斯、纳塔尔与英国的自由贸易关系。目前，强制性贸易关系并不适用。

（四）殖民化遗留的问题如下：

1. 系统化管理移民。

2. 系统化管理模式促进了殖民地的发展。

3. 如果美国坚持抵制移民，英国将何去何从？

（五）解决策略如下：

答案就是建立英联邦。

英国的旧有体制是否阻碍了新联邦的光明未来？殖民地是否会因为英国的贫困阶层拒绝联盟，而决意自治？

面对当前印度的状况，我们是否还能与殖民地建立联盟？欧美各国是否有机会采取联合行动，在中国分得一杯羹？

虽然有些用词不当，但我们还是暂且将这种联盟统称为"英语国家"。德意志移民深刻影响了美国的民族特性，其他殖民地都在进行不同程度的联盟。殖民主义者一定不会将英国视为自己的家园。

## 第 6 节 结 语

一些人以英国本土利益为重,质疑打着"帝国"旗号的高谈阔论者。自命不凡的爱国者如果从事公共事业,必须受到密切监控,以免危及他人。此外,自由主义者也对专制擅命、渔夺侵牟的帝国主义心存疑虑。过于主观的英国殖民史是否会给读者造成这样的偏见还不得而知。本书将以英国外交史上标新立异的政治评论收尾。

英国议会享有至高无上的权力,拥有崇高的帝国品性,源于王权,引导并掌控所有人。

——埃德蒙·伯克

时至今日,帝国联盟的优势已经凸显,既彰显了自由主义的力量,也扩大了思想道德的影响。无论大英帝国曾经有何过错,英国的外交准则始终具有良知,不像别国尔虞我诈,却又渴望杂然相许。

——约翰·斯图亚特·米尔

埃德蒙·伯克将英国利益与公共职责一视同仁,但约翰·斯图亚特·米尔胸怀天下,慎重阐释了英国对全世界的影响。

约翰·斯图亚特·米尔凭一己之力,耗时半个世纪发展其学说。1836 年,理查德·科布登宣布殖民地是贵族的附属品,就像陆军、海军和教堂一样。他还称英国将历时五十年"将这些附属品清理干净"。

埃德蒙·伯克和约翰·斯图亚特·米尔睿智明达、见解独到,耗尽

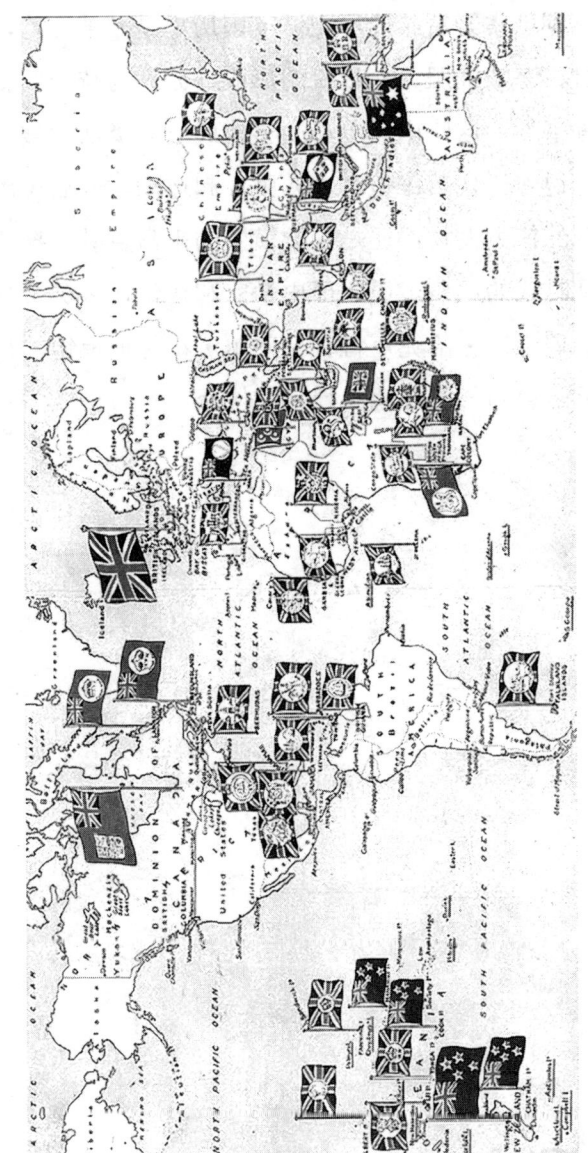

全盛时期的大英帝国

毕生精力推动了自由事业的发展，其论断意义非凡，消除了人们对殖民的偏见。

缪斯女神克利俄掌管着希腊历史。英国历史是一部史诗，涵盖航海探险、夺船掠财、海陆征服、新政权的形成、分裂与统一、新兴商贸交易、民族独立等事件。这些由名单和数字构成的人类活动被书写成了最乏味的散文，诉说着历代英雄传奇。人民发起运动，开启民族新纪元。不管是震古烁今的伟大人物，还是妙趣横生的平常百姓，抑或是虚构的英雄人物，都是时代的主角。虽然历史学家和传记作家劳苦功高，但如果莎士比亚具有理查德·哈克卢特和拉斐尔·霍林斯赫德的视野，早期的英国将赢得更多认同，更好地履行殖民使命。

# 专有名词英汉对照

| | |
|---|---|
| Tartar | 鞑靼人 |
| Hottentots | 霍屯督人 |
| Bushmen | 布须曼人 |
| Negro tribes | 黑人部落 |
| Phoenicia | 腓尼基 |
| Nineveh | 尼尼微 |
| Babylon | 巴比伦 |
| Tyre | 提尔 |
| Persia | 波斯 |
| Greece | 希腊 |
| Roman Empire | 罗马帝国 |
| Carpathians | 喀尔巴阡山 |
| Malay | 马来族 |
| Polynesians | 波利尼西亚人 |
| Hegel | 黑格尔 |
| Afghan | 阿富汗 |
| Nepaulese | 尼泊尔 |
| Celts | 凯尔特人 |
| Pelasgians | 皮拉斯基人 |
| Aryans | 雅利安人 |
| Saracens | 撒拉逊人 |
| Maori | 毛利人 |
| Indian | 印第安人 |
| Slavs | 斯拉夫人 |
| Greenland | 格陵兰岛 |

# 大英殖民帝国

| | |
|---|---|
| Lisbon | 里斯本 |
| Madrid | 马德里 |
| Seville | 塞维利亚 |
| Paris | 巴黎 |
| Amsterdam | 阿姆斯特丹 |
| London | 伦敦 |
| Bristol | 布里斯托尔 |
| Leon | 莱昂王国 |
| Castile | 卡斯蒂尔王国 |
| Aragon | 阿拉贡王国 |
| Moor | 摩尔人 |
| Charles V | 查理五世 |
| Naples | 那不勒斯 |
| Sicily | 西西里岛 |
| Sardinia | 撒丁岛 |
| Milan | 米兰 |
| Constantinople | 君士坦丁堡 |
| Aquitaine | 阿基坦公国 |
| Burgundy | 勃艮第公国 |
| Brittany | 布列塔尼公国 |
| Louis XIV | 路易十四 |
| *Poynings' Law* | 《波伊宁斯法》 |
| Elizabeth I | 伊丽莎白 |
| Columbus | 哥伦布 |
| Julius Caesar | 恺撒大帝 |
| Alps | 阿尔卑斯山 |
| Samuel Johnson | 塞缪尔·约翰逊 |
| Moscow | 莫斯科 |
| Carthage | 迦太基 |
| Mexico | 墨西哥 |
| James I | 詹姆斯一世 |
| Heptarchy | 七国时代 |
| Wales | 威尔士 |
| Ireland | 爱尔兰 |
| Desiderius Erasmus | 德西德里乌斯·伊拉斯谟 |
| John Colet | 约翰·科利特 |
| Roger Ascham | 罗杰·阿斯克姆 |
| John Cheke | 约翰·奇克 |
| Francis Bacon | 弗朗西斯·培根 |
| John Harrison | 约翰·哈里森 |

## 专有名词英汉对照

| | |
|---|---|
| Norwich | 诺威奇 |
| Yorkshire | 约克郡 |
| Hull | 赫尔 |
| Boston | 波士顿 |
| Levant | 黎凡特 |
| Balti | 伯尔齐 |
| Cathay | 契丹人 |
| Florence | 佛罗伦萨 |
| Pisa | 比萨 |
| Norway | 挪威 |
| Sweden | 瑞典 |
| Denmark | 丹麦 |
| Florida | 佛罗里达 |
| Peru | 秘鲁 |
| Caribbean Gulf | 加勒比海 |
| Brazil | 巴西 |
| Cape | 开普敦 |
| Natal | 纳塔尔 |
| Sierra Leone | 塞拉利昂 |
| Gold Coast | 黄金海岸 |
| Lagos | 拉各斯 |
| Mauritius | 毛里求斯 |
| British West Indies | 英属西印度群岛 |
| Guiana | 圭亚那地区 |
| Honduras | 洪都拉斯 |
| Straits of Malacca | 马六甲海峡 |
| Ceylon | 锡兰 |
| Burmah | 缅甸 |
| Fiji | 斐济 |
| Zanzibar | 桑给巴尔岛 |
| Niger | 尼日尔 |
| Bechuanaland | 贝专纳 |
| British New Guinea | 英属新几内亚 |
| Gibraltar | 直布罗陀 |
| Malta | 马耳他 |
| St.Helena | 圣赫勒拿岛 |
| Ascension | 阿森松 |
| Falkland Isles | 福克兰群岛 |
| Seychelles | 塞舌尔群岛 |
| Socotra | 索科特拉岛 |

| Chagos | 查戈斯 |
| Oil Islands | 石油岛 |
| Aden | 亚丁湾 |
| Singapore | 新加坡 |
| Labuan | 纳闽岛 |
| Hong Kong | 香港 |
| Norfolk Island | 诺福克岛 |
| Kermadec Islands | 克马德克群岛 |
| Louisiades | 路易西亚德群岛 |
| Rotumah | 罗图马岛 |
| Tonga | 汤加 |
| Australasia | 澳大拉西亚 |
| Southern Oceans | 南部海域 |
| Lloyd's Register | 劳埃德船级社 |
| Prince Henry | 亨利王子 |
| Renaissance | 文艺复兴运动 |
| Herodotus | 希罗多德 |
| Portugal | 葡萄牙 |
| Cape Bojador | 博哈多尔角 |
| Madeira Isles | 马德拉群岛 |
| Senegal river | 塞内加尔河 |
| Gambia river | 冈比亚河 |
| Crete | 克利特岛 |
| Sierra Leone | 塞利拉昂 |
| Diaz | 迪亚士 |
| Algoa Bay | 阿尔戈阿湾 |
| da Gama | 达·伽马 |
| Tagus | 塔霍河 |
| Malabar coast | 马拉巴尔海岸 |
| Calicut | 卡利卡特 |
| Flodden | 弗洛登 |
| Henry VIII | 亨利八世 |
| Goa | 果阿 |
| Panjim | 潘吉姆 |
| Braganza | 布拉干萨家族 |
| Bombay | 孟买 |
| Princess Catharine | 凯瑟琳公主 |
| Magellan | 麦哲伦 |
| River Plate | 普拉特河 |
| Azores | 亚速尔群岛 |

## 专有名词英汉对照

| | |
|---|---|
| Macao | 澳门 |
| Mozambique | 莫桑比克 |
| Angola | 安哥拉 |
| Battle of Lepanto | 勒班陀海战 |
| Las Casas | 拉斯·卡萨斯 |
| Queen Isabella | 伊莎贝拉女王 |
| Hispaniola | 伊斯帕尼奥拉岛人 |
| Devonshire | 德文郡 |
| Philip II | 腓力二世 |
| Andalusia | 安达卢西亚 |
| Biscay | 比斯开湾 |
| Flanders | 佛兰德斯 |
| Herman Cortez | 埃尔南·科尔特斯 |
| Francisco Pizarro | 弗朗西斯科·皮萨罗 |
| Vasco Nunez de Balboa | 瓦斯科·努涅斯·德·巴尔沃亚 |
| Cadiz | 加的斯 |
| Vera Cruz | 韦拉克鲁斯 |
| Peninsula | 伊比利亚半岛 |
| Ignacio de Loyola | 伊纳爵·罗耀拉 |
| Saint Theresa | 圣特蕾莎修女 |
| Diego Velasquez | 迭戈·委拉斯凯兹 |
| Murillo | 牟利罗 |
| Miguel de Cervantes Saavedra | 米格尔·德·塞万提斯·萨维德拉 |
| Richard Hakluyt | 理查德·哈克卢特 |
| Christ Church, Oxford | 牛津基督教堂学院 |
| Henry VII | 亨利七世 |
| Sebastian Cabot | 塞巴斯蒂安·卡伯特 |
| Humphrey Gilbert | 汉弗莱·吉尔伯特 |
| Martin Frobisher | 马丁·弗罗比舍 |
| Jacques Cartier | 雅克·卡蒂埃 |
| *East India Company's Charter* | 《东印度公司规章》 |
| Thomas Hobbes | 托马斯·霍布斯 |
| William Cecil | 威廉·塞西尔 |
| Francis Walsingham | 弗朗西斯·沃尔辛厄姆 |
| St.John's College, Cambridge | 剑桥大学圣约翰学院 |
| Samuel Purchas | 塞缪尔·珀切斯 |
| *Purchas his Pilgrimes* | 《珀切斯朝圣记》 |
| St.Lawrence | 圣劳伦斯 |
| Francis Drake | 弗朗西斯·德雷克 |
| St.Paul | 圣保罗 |

| | |
|---|---|
| Navarre | 纳瓦拉 |
| Geneva | 日内瓦 |
| Charles I | 查理一世 |
| Oliver Cromwell | 奥利弗·克伦威尔 |
| Jamaica | 牙买加 |
| Robert Blake | 罗伯特·布莱克 |
| Duke of Florence | 佛罗伦萨公爵 |
| Grand Duke of Tunis | 突尼斯大公 |
| Nova Zembla | 新地岛 |
| Spitzbergen | 斯匹次卑尔根岛 |
| New Amsterdam | 新阿姆斯特丹 |
| Cape Horn | 合恩角 |
| Abel Tasman | 亚伯·塔斯曼 |
| Tasmania | 塔斯马尼亚岛 |
| *Seditions* | 《论叛乱》 |
| Aristotle | 亚里士多德 |
| *Navigation Acts* | 《航海条例》 |
| John Dryden | 约翰·德莱顿 |
| De Ruyter | 德·吕泰尔 |
| Cornelis Tromp | 科内利斯·特龙普 |
| Charles II | 查理二世 |
| William of Orange | 奥兰治的威廉 |
| Corneille | 高乃依 |
| Jean Racine | 让·拉辛 |
| Molière | 莫里哀 |
| Jean de La Fontaine | 让·德·拉·封丹 |
| Madame de Sevigné | 塞维涅夫人 |
| Nicolas Boileau | 尼古拉·布瓦洛 |
| Jacques-Bénigne Bossuet | 雅克–贝尼涅·波舒哀 |
| Francois Fénélon | 弗朗索瓦·费奈隆 |
| Rene Descartes | 勒内·笛卡尔 |
| Blaise Pascal | 布莱士·帕斯卡 |
| Armand Jean du Plessis de Richelieu | 阿尔芒·让·迪普莱西·德·黎塞留 |
| Jules Mazarin | 尤勒·马萨林 |
| Jean-Baptiste Colbert | 让–巴普蒂斯特·柯尔贝尔 |
| Hayti | 海地 |
| Cayenne | 卡宴 |
| Goree | 戈里 |
| Madagascar | 马达加斯加 |
| Surat | 苏拉特 |

## 专有名词英汉对照

| | |
|---|---|
| Chandernagore | 金德讷格尔 |
| Pondicherry | 本地治里 |
| Walter Raleigh | 沃尔特·雷利 |
| William Pitt | 威廉·皮特 |
| Acadia | 阿卡迪亚 |
| Cape Breton | 布雷顿角 |
| Martinique | 马提尼克岛 |
| Guadeloupe | 瓜德罗普岛 |
| Arthur Wellesley | 阿瑟·韦尔斯利 |
| John Robert Seeley | 约翰·罗伯特·西利 |
| Victor Duruy | 维克托·迪吕伊 |
| Fronde | 投石党运动 |
| William III | 威廉三世 |
| Jules Michelet | 儒勒·米什莱 |
| War of the Spanish Succession | 西班牙王位继承战争 |
| Sir Andrew Agnew | 安德鲁·阿格纽爵士 |
| John Churchill | 约翰·丘吉尔 |
| *Treaty of Utrecht* | 《乌得勒支和约》 |
| Felipe V | 腓力五世 |
| Robert Walpole | 罗伯特·沃波尔 |
| Dettingen | 代廷根 |
| Fontenoy | 丰特努瓦 |
| Alleghany mountains | 阿勒格尼山脉 |
| Ohio Valley | 俄亥俄山谷 |
| George Washington | 乔治·华盛顿 |
| Henry Wadsworth Longfellow | 亨利·沃兹沃斯·朗费罗 |
| *Evangeline* | 《伊万杰琳》 |
| Joseph François Dupleix | 约瑟夫·弗朗索瓦·迪普莱 |
| Marquis de Bussy-Castelnau | 马奎斯·德·比西-卡斯泰尔诺 |
| Thomas·Arthur | 托马斯·亚瑟 |
| Robert Clive | 罗伯特·克莱夫 |
| Carnatic | 卡纳蒂克 |
| Maria Theresa | 玛丽亚·特蕾莎 |
| Frederick II | 腓特烈二世 |
| Hanover | 汉诺威 |
| Baltic | 波罗的海 |
| Rosbach | 罗斯巴赫 |
| Silesia | 西里西亚 |
| Edward Braddock | 爱德华·布雷多克 |
| Minorca | 梅诺卡岛 |

| | |
|---|---|
| Duke of Cumberland | 坎伯兰公爵 |
| Bohemia | 波希米亚 |
| Lord Chesterfield | 切斯特菲尔德勋爵 |
| James Peter Wolfe | 詹姆斯·彼得·沃尔夫 |
| Quebec | 魁北克 |
| Edward Hawke | 爱德华·霍克 |
| Edward Boscawen | 爱德华·博斯科恩 |
| Quiberon | 基伯龙 |
| Toulont | 土伦 |
| Horace Walpole | 贺拉斯·沃波尔 |
| Hyder Ali | 海德尔·阿里 |
| Paul Jones | 保罗·琼斯 |
| George Augustus Eliott | 乔治·奥古斯都·埃利奥特 |
| Warren Hastings | 沃伦·黑斯廷斯 |
| George Brydges Rodney | 乔治·布里奇斯·罗德尼 |
| Horatio Nelson | 霍雷肖·纳尔逊 |
| Campo Formio | 坎波福尔米奥 |
| Madame de Staël | 德·斯塔埃尔夫人 |
| Sidney Smith | 西德尼·史密斯 |
| Acre | 阿克里 |
| *Berlin Decrees* | 《柏林敕令》 |
| Vienna | 维也纳 |
| James Abram Garfield | 詹姆斯·艾伯拉姆·加菲尔德 |
| *The Courtship of Miles Standish* | 《迈尔斯·斯坦迪什的求婚》 |
| Nathaniel Hawthorne | 纳撒尼尔·霍桑 |
| *The Scarlet Letter* | 《红字》 |
| *The House of the Seven Gables* | 《七个尖角的阁楼》 |
| Thomas Campbell | 托马斯·坎贝尔 |
| Pennsylvania | 宾夕法尼亚 |
| *Gertrude of Wyoming* | 《怀俄明州的格特鲁德》 |
| William Makepeace Thackeray | 威廉·梅克比斯·萨克雷 |
| *Henry Esmond* | 《亨利·埃斯蒙德》 |
| *The Virginians* | 《弗吉尼亚人》 |
| Daniel Defoe | 丹尼尔·笛福 |
| *Colonel Jack* | 《杰克上校》 |
| *Moll Flanders* | 《摩尔·弗兰德斯》 |
| James Fenimore Cooper | 詹姆斯·费尼莫尔·库珀 |
| Thomas Mayne Reid | 托马斯·梅恩·里德 |
| John Smith | 约翰·史密斯 |
| *Pilgrim Father* | 《清教徒》 |

## 专有名词英汉对照

| | |
|---|---|
| *William Penn* | 《威廉·佩恩传》 |
| Henry Hudson | 亨利·哈德逊 |
| London Company | 伦敦公司 |
| Plymouth Company | 普利茅斯公司 |
| Chesapeake Bay | 切萨皮克湾 |
| James Town | 詹姆斯镇 |
| *Plantations* | 《论殖民地》 |
| Thomas West | 托马斯·韦斯特 |
| Massachusetts | 马萨诸塞 |
| Independents | 独立派 |
| Connecticut | 康涅狄格 |
| Rhode Island | 罗得岛 |
| Maine | 缅因 |
| Maryland | 马里兰 |
| Quakers | 贵格会信徒 |
| New Jersey | 新泽西 |
| Presbyterians | 长老会 |
| New Hampshire | 新罕布什尔 |
| Jonathan Edwards | 乔纳森·爱德华兹 |
| Daniel Webster | 丹尼尔·韦伯斯特 |
| Washington Irving | 华盛顿·欧文 |
| Edward Channing | 爱德华·钱宁 |
| Ralph Waldo Emerso | 拉尔夫·瓦尔多·爱默生 |
| John Lothrop Motle | 约翰·洛斯罗普·莫特利 |
| George Bancroft | 乔治·班克罗夫特 |
| Oliver Wendell Holmes | 奥利弗·温德尔·霍姆斯 |
| James Russell Lowell | 詹姆斯·拉塞尔·洛厄尔 |
| North Carolina | 北卡罗来纳 |
| South Carolina | 南卡罗来纳 |
| *Georgia* | 佐治亚 |
| Thomas Jefferson | 托马斯·杰斐逊 |
| Patrick Henry | 帕特里克·亨利 |
| Huguenots | 胡格诺派 |
| Dutch Calvinists | 加尔文主义者 |
| Philadelphia | 费城 |
| Benjamin Franklin | 本杰明·富兰克林 |
| Alexander Hamilton | 亚历山大·汉密尔顿 |
| Île Bourbon | 波旁岛 |
| Herman Merivale | 赫尔曼·梅里韦尔 |
| Miquelon | 密克隆岛 |

| | |
|---|---|
| St.Pierre | 圣皮埃尔 |
| Peter Stuyvesant | 彼得·施托伊弗桑特 |
| Walloons | 瓦隆人 |
| *Knicker bocker's History of New York* | 《纽约外史》 |
| Edmund Burke | 埃德蒙·伯克 |
| John Hampden | 约翰·汉普登 |
| De Garden | 德·加登 |
| Montesquieu | 孟德斯鸠 |
| William Murray | 威廉·默里 |
| *Taxation no Tyranny* | 《税收并非暴政》 |
| *Stamp Act* | 《印花税法案》 |
| Hessian troops | 黑森雇佣兵 |
| George Grenville | 乔治·格伦维尔 |
| Adam Smith | 亚当·斯密 |
| *Treaties of Versailles* | 《凡尔赛条约》 |
| Fort William | 威廉堡 |
| Fort George | 乔治堡 |
| Himalayas | 喜马拉雅山脉 |
| Cape Comorin | 科摩林角 |
| Tamil | 泰米尔语 |
| Telugu | 泰卢固语 |
| Hinduism or Brahmanism | 婆罗门教 |
| Thomas Babington Macaulay | 托马斯·巴宾顿·麦考利 |
| Madras | 马德拉斯 |
| Louis Blanc | 路易·勃朗 |
| Lord Charles Cornwallis | 查尔斯·康沃利斯勋爵 |
| Henry Wellesley | 亨利·韦尔兹利 |
| William Bentinck | 威廉·本廷克 |
| James Broun-Ramsay | 詹姆斯·布龙－拉姆齐 |
| Henry Martyn | 亨利·马丁 |
| Mahmud | 马哈茂德 |
| Ghaznavid Dynasty | 伽色尼王朝 |
| Amir Timur | 埃米尔·帖木儿 |
| Canaan | 迦南 |
| Normans | 诺曼人 |
| Assam | 阿萨姆邦 |
| Joseph Alexander Hübner | 约瑟夫·亚历山大·胡布纳 |
| Friedrich Henrich Geffcken | 弗里德里希·亨利希·格夫肯 |
| Dadabhai Naoroji | 达达拜·瑙罗吉 |
| John Bright | 约翰·布赖特 |

# 专有名词英汉对照

| | |
|---|---|
| Arcot | 阿尔果德 |
| Plassey | 普拉西 |
| Lucknow | 勒克瑙 |
| Vortigern | 沃蒂根 |
| Mogul | 莫卧儿人 |
| Byron | 拜伦 |
| Samian | 萨摩斯 |
| Anacreon | 阿克那里翁 |
| Polycrates | 波利克拉特斯 |
| Marathon | 马拉松 |
| Bannockburn | 班诺克本 |
| Robert Bruce | 罗伯特·布鲁斯 |
| William I | 威廉一世 |
| John Locke | 约翰·洛克 |
| John Stuart Mill | 约翰·斯图亚特·米尔 |
| Punjab | 旁遮普 |
| Henry Lawrence | 亨利·劳伦斯 |
| James Caird | 詹姆斯·凯尔德 |
| Friedrich Max Muller | 弗里德里希·马克斯·穆勒 |
| Henry Maine | 亨利·梅因 |
| Parsees | 拜火教徒 |
| Suffolk | 萨福克 |
| Calcutta | 加尔各答 |
| Madras | 马德拉斯 |
| Lahore | 拉合尔 |
| Allahabad | 阿拉哈巴德 |
| Mountstuart Elphinstone | 芒斯图亚特·埃尔芬斯通 |
| Robert Hobart | 罗伯特·霍巴特 |
| Richard Bourke | 理查德·伯克 |
| Henry Fawcett | 亨利·福西特 |
| William Hunter | 威廉·亨特 |
| William Wilberforce | 威廉·威尔伯福斯 |
| Aaron Robert Schwartz | 亚伦·罗伯特·施瓦兹 |
| William Carey | 威廉·凯里 |
| Reginald Heber | 雷金纳德·希伯 |
| Alexander Duff | 亚历山大·达夫 |
| James Outram | 詹姆斯·乌特勒姆 |
| Henry Havelock | 亨利·哈夫洛克 |
| Barbados | 巴巴多斯 |
| Isle of Wight | 怀特岛 |

| | |
|---|---|
| St.Kitts | 圣基茨岛 |
| Bahamas | 巴哈马群岛 |
| Cuba | 古巴岛 |
| Porto Rico | 波多黎各 |
| St.Eustatius | 圣尤斯特歇斯岛 |
| Curacao | 库拉索岛 |
| St.Thomas | 圣托马斯岛 |
| Virgin Islands | 维京群岛 |
| Dominica | 多米尼加 |
| St.Lucia | 圣卢西亚 |
| Antigua | 安提瓜岛 |
| St.Vincent | 圣文森特岛 |
| Tobago | 多巴哥岛 |
| Trinidad | 特立尼达岛 |
| John Russell | 约翰·罗素 |
| Edward John Eyre | 爱德华·约翰·艾尔 |
| Thomas Carlyle | 托马斯·卡莱尔 |
| James Cook | 詹姆斯·库克 |
| Port Jackson | 杰克逊港 |
| Botany Bay | 植物湾 |
| New South Wales | 新南威尔士 |
| Victoria | 维多利亚 |
| Western Australia | 西澳大利亚 |
| Edward Gibbon Wakefield | 爱德华·吉本·韦克菲尔德 |
| Ballarat Gold-Fields | 巴拉腊特金矿 |
| Richard Whately | 理查德·惠特利 |
| Queensland | 昆士兰 |
| Swan River | 天鹅河 |
| New Zealand Company | 新西兰公司 |
| William Hobson | 威廉·霍布森 |
| Richardson Porter | 乔治·理查森·波特 |
| *Progress of the Nation* | 《民族进步》 |
| Bret Harte | 布雷特·哈特 |
| Robert O'Hara Burke | 罗伯特·奥哈拉·伯克 |
| William John Wills | 威廉·约翰·威尔斯 |
| William Henry Wright | 威廉·亨利·赖特 |
| Nova Scotia | 新斯科舍 |
| New Brunswick | 新不伦瑞克 |
| Swaziland | 斯威士兰 |
| Kimberley | 金伯利 |

## 专有名词英汉对照

| | |
|---|---|
| *Quebec Act* | 《魁北克法案》 |
| Pontiac | 庞蒂亚克 |
| John Lambton | 约翰·兰布顿 |
| Dominion of Canada | 加拿大自治领 |
| Manitoba | 马尼托巴省 |
| British Columbia | 不列颠哥伦比亚省 |
| Assiniboia | 阿西尼博亚省 |
| Saskatchewan | 萨斯喀彻温省 |
| Alberta | 艾伯塔省 |
| Athabasca | 阿萨巴斯卡省 |
| Prince Edward Island | 爱德华王子岛 |
| Ottawa | 渥太华 |
| Ontario | 安大略 |
| Vancouver | 温哥华 |
| Rocky Mountains | 落基山脉 |
| San Francisco | 旧金山 |
| Liverpool | 利物浦 |
| Sydney | 悉尼 |
| Yokohama | 横滨 |
| *Peace of Amiens* | 《亚眠和约》 |
| Morocco | 摩洛哥 |
| Berlin Conference | 柏林会议 |
| Belgium | 比利时 |
| Delagoa Bay | 德拉瓜湾 |
| Benguela | 本格拉 |
| Boer war | 布尔战争 |
| Transvaal | 德兰士瓦 |
| South African Republic | 南非共和国 |
| Kaffirs | 卡菲尔 |
| Zulu war | 祖鲁战争 |
| Griqualand West | 西格里夸兰 |
| Walfisch Bay | 鲸湾 |
| Basutoland | 巴苏陀兰 |
| Pondoland | 蓬多兰 |
| Zululand | 祖鲁兰 |
| Amatongaland | 阿马通加兰 |
| Bohr | 波尔 |
| Samuel Romilly | 塞缪尔·罗米利 |
| Archbishop Richard Whately | 理查德·惠特利大主教 |
| William Cobbett | 威廉·科贝特 |

## 大英殖民帝国

| | |
|---|---|
| Johannesberg | 约翰内斯堡 |
| Robert Moffat | 罗伯特·莫法特 |
| Uganda | 乌干达 |
| Henry Johnston | 亨利·约翰斯顿 |
| Ashanti war | 阿散蒂战争 |
| Bantu | 班图 |
| Dahomey | 达荷美 |
| Freetown | 弗里敦 |
| Lake Tchad | 乍得湖 |
| Cameroons | 喀麦隆 |
| Eugène-Melchior de Vogüé | 欧仁－梅尔基奥·德·沃居埃 |
| Heinrich Barth | 海因里希·巴尔特 |
| Angra Pequena | 安格拉佩克纳 |
| Cairo | 开罗 |
| Red Sea | 红海 |
| Assab | 阿萨布 |
| Massowah | 马萨瓦 |
| Abyssinia | 阿比西尼亚 |
| Kassala | 卡萨拉 |
| Knights of St. John | 圣约翰骑士团 |
| *Paul et Virginie* | 《保尔和薇吉妮》 |
| *Robinson Crusoe* | 《鲁滨逊漂流记》 |
| Penang | 槟榔屿 |
| Borneo | 婆罗洲 |
| James Brooke | 詹姆斯·布鲁克 |
| Sarawak | 沙捞越 |
| Henry Barkly | 亨利·巴克利 |
| Bight of Benin | 贝宁湾 |
| Congo International Association | 刚果国际协会 |
| Cyprus | 塞浦路斯 |
| Batoum | 巴统 |
| Western Soudan | 苏丹西部 |
| Tripoli | 的黎波里 |
| Eastern Sudan | 苏丹东部 |
| Sandwich Isles | 桑威奇群岛 |
| Samoa | 萨摩亚 |
| New Caledonia | 新喀里多尼亚 |
| Heligoland | 黑尔戈兰岛 |
| Jules Favre | 朱尔斯·法夫尔 |
| Parental Despotism | 保护式专政 |

## 专有名词英汉对照

| | |
|---|---|
| Lima | 利马 |
| Bogota | 波哥大 |
| Venezuela | 委内瑞拉 |
| Java | 爪哇岛 |
| Royal Council | 皇家理事会 |
| Toussaint L'Ouverture | 杜桑·卢维杜尔 |
| Haiti Republic | 海地共和国 |
| Réunion | 留尼汪岛 |
| Algeria | 阿尔及利亚 |
| Bastille | 巴士底狱 |
| Guy Carleton | 盖伊·卡尔顿 |
| Charles James Fox | 查尔斯·詹姆斯·福克斯 |
| Manchester School | 曼彻斯特学派 |
| Benthamite | 边沁主义 |
| George Grote | 乔治·格罗特 |
| Charles Buller | 查尔斯·布勒 |
| Toronto | 多伦多 |
| Charles Metcalfe | 查尔斯·梅特卡夫 |
| Attorney-General | 殖民地总检察长 |
| Frederick Hamilton | 弗雷德里克·汉密尔顿 |
| Alexander Mackenzie | 亚历山大·麦肯齐 |
| *Divorce Bills* | 《离婚法案》 |
| Leeward Islands | 背风群岛 |
| Windward Islands | 向风群岛 |
| Bermuda | 百慕大群岛 |
| Downing Street | 唐宁街 |
| Henry George Grey | 亨利·乔治·格雷 |
| Henry Wylie Norman | 亨利·怀利·诺曼 |
| Protectorates | 保护国 |
| Somali Coast | 索马里海岸 |
| Pemba | 奔巴岛 |
| Perak | 霹雳州 |
| Brunei | 文莱 |
| Perim Island | 丕林岛 |
| Mombassa | 蒙巴萨 |
| Asaba | 阿萨巴 |
| Nevis | 尼维斯岛 |
| Henry Herbert | 亨利·赫伯特 |
| William Edward Forster | 威廉·爱德华·福斯特 |
| Imperial Federation League | 帝国联邦协会 |

| | |
|---|---|
| Archibald Primrose | 阿奇博尔德·普里姆罗斯 |
| Montreal | 蒙特利尔 |
| Beust | 博伊斯特 |
| Pesth | 佩斯 |
| Croatian and Slavonian Diet | 克罗地亚－斯拉夫尼亚议会 |
| Sandhurst | 桑德赫斯特 |
| Walter Bagehot | 沃尔特·白芝浩 |
| *English Constitution* | 《英国宪制》 |
| Agrigentum | 阿格里真托 |
| Tarentum | 他林敦 |
| Ephesus | 以弗所 |
| Nottingham | 诺丁汉 |
| Lancashire | 兰开夏郡 |
| Glasgow | 格拉斯哥 |
| Alfred Marshall | 阿尔弗雷德·马歇尔 |
| Birmingham | 伯明翰 |
| Sheffield | 谢菲尔德 |
| Edinburgh Chamber of Commerce | 爱丁堡商会 |
| William Huskisson | 威廉·赫斯基森 |
| Robert Peel | 罗伯特·皮尔 |
| Richard Cobden | 理查德·科布登 |
| William Gisborne | 威廉·吉斯伯恩 |
| Henry Sidgwick | 亨利·西奇威克 |
| BartolomédelasCasas | 巴托洛梅·德拉斯·卡萨斯 |
| Granvile Sharp | 格兰维尔·夏普 |
| Thomas Clarkson | 托马斯·克拉克森 |
| William Cowper | 威廉·考珀 |
| Henry Brougham | 亨利·布鲁厄姆 |
| Robert Buxton | 罗伯特·巴克斯顿 |
| John Stanley | 约翰·斯坦利 |
| Sparta | 斯巴达 |
| Roundheads | 圆颅党 |
| Monmouth | 蒙默思 |
| Exeter | 埃克塞特 |
| George Barrington | 乔治·巴林顿 |
| Jeremy Bentham | 杰里米·边沁 |
| Ascham | 阿斯卡姆 |
| Falkland | 福克兰 |
| Strafford | 斯特拉福德 |
| William Wordsworth | 威廉·华兹华斯 |

## 专有名词英汉对照

| | |
|---|---|
| Darien | 达里恩 |
| Queen Anne | 安妮女王 |
| Dundee | 敦提 |
| Belfast | 贝尔法斯特 |
| Cabot Lodge | 卡伯特·洛奇 |
| *Art of Colonization* | 《殖民的艺术》 |
| Auckland | 奥克兰 |
| Otago | 奥塔戈 |
| George Frederick | 小乔治·弗雷德里克 |
| Granville Leveson-Gower | 格兰维尔·莱韦森–高尔 |
| Cleopatra | 克莉奥帕特拉 |
| Johann Friedrich Blumenbach | 约翰·弗里德里希·布卢门巴赫 |
| Thomas Henry Huxley | 托马斯·亨利·赫胥黎 |
| Lapland | 拉普兰 |
| Siam | 暹罗 |
| Darwin | 达尔文 |
| James Cowles Prichard | 詹姆斯·考尔斯·普里查德 |
| Quatrefages | 卡特勒法热 |
| Edward Burnett Tylor | 爱德华·伯内特·泰勒 |
| Charles Lyell | 查尔斯·莱尔 |
| Esquimaux | 爱斯基摩人 |
| Mongols | 蒙古人 |
| Tahiti | 塔希提岛 |
| Hittite | 赫梯人 |
| Cape Coast Castle | 海岸角城堡 |
| Garnet Wolseley | 加内特·沃尔斯利 |
| James Anthony Froude | 詹姆斯·安东尼·弗鲁德 |
| Spencer St.John | 斯宾塞·圣约翰 |
| Mashonaland | 马绍纳兰 |
| George III | 乔治三世 |
| Louis Riel | 路易·里尔 |
| Tuscarora | 塔斯卡洛拉 |
| Iroquis | 易洛魁 |
| Cherokees | 切罗基 |
| Onidas | 奥奈达部落 |
| Hermann Lotze | 赫尔曼·洛策 |
| Henry David Thoreau | 亨利·戴维·梭罗 |
| *Treaty of Waitangi* | 《怀唐伊条约》 |
| Magna Charta | 大宪章 |
| Butler Earp | 巴特勒·厄普 |

| | |
|---|---|
| Petit Thouars | 珀蒂·图阿尔 |
| John Lubbock | 约翰·卢伯克 |
| James Bonwick | 詹姆斯·邦威奇 |
| Alexander Cunningham | 亚历山大·坎宁安 |
| James Dawson | 詹姆斯·道森 |
| Rosendo Salvado | 罗森多·萨尔瓦多 |
| Carl Sofus Lumholtz | 卡尔·索福斯·卢姆霍兹 |
| Arthur Collins | 亚瑟·柯林斯 |
| Ivor MacGillivray | 艾弗·麦吉利夫雷 |
| Georg Gerland | 乔治·格兰 |
| Thomas Browne | 托马斯·布朗 |
| Shakespeare | 莎士比亚 |
| Henry Wriothesley | 亨利·赖奥思利 |
| Bishop Abbott | 阿伯特主教 |
| Nicholas Ferrar | 尼古拉·费拉尔 |
| Thomas Smith | 托马斯·史密斯 |
| John Hooker | 约翰·胡克 |
| Edwin Sandys | 艾德温·桑兹 |
| Henrico | 亨利科地区 |
| John Harvard | 约翰·哈佛 |
| James Blair | 詹姆斯·布莱尔 |
| College of William & Mary | 威廉-玛丽学院 |
| Edward Seymour | 爱德华·西摩尔 |
| George Berkeley | 乔治·伯克利 |
| Bermuda | 百慕大 |
| Pembroke | 彭布罗克郡 |
| Yale College | 耶鲁大学 |
| Princeton College | 普林斯顿大学 |
| Church of England | 英国国教 |
| James Ussher | 詹姆斯·厄谢尔 |
| Jeremy Taylor | 杰里米·泰勒 |
| William Chillingworth | 威廉·奇林沃思 |
| William Wake | 威廉·韦克 |
| Christopher Codrington | 克里斯托弗·科德林顿 |
| Fisher | 费舍尔 |
| James Monroe | 詹姆斯·门罗 |
| Ernest Michel | 欧内斯特·米歇尔 |
| Benjamin Disraeli | 本杰明·迪斯雷利 |
| Clio | 克利俄 |
| Raphael Holinshed | 拉斐尔·霍林斯赫德 |